INHALT

Beate Maxian

Dirndlkrieg

Nora Furtner trug ein Dirndl.

Ein traditionelles, knöchellanges, grünes Alltagsdirndl mit weißer Bluse und roter Schürze. Das war nicht ungewöhnlich in Bad Goisern. Viele Menschen trugen im Inneren Salzkammergut Tracht. Urlauber, Eingebürgerte, Fremde und Einheimische. Diese Bekleidungsform war ein untrügliches Symbol für die Verbundenheit mit der Region. In einer zunehmend globalisierten Welt besannen sich nun einmal die Menschen wieder gerne auf ihre Wurzeln, war Nora Furtner überzeugt. Und die heimische Tracht gehörte zu den Wurzeln der Goiserer wie der Hallstättersee und das Dachsteinmassiv.

„Wer Tracht begreifen will, muss sie tragen", war Nora Furtners Credo. „Tracht ist das G'wand unserer Region." Da war sie sich mit den vielen Trachtenvereinen im Salzkammergut einig. Zusätzlich entstammte Nora einer alten Trachtenmodenhersteller-Dynastie. In nur zehn Jahren hatte sie mehr erreicht, als all ihre Vorgänger in dem hundert Jahre alten Familienbetrieb zusammen. Aus einer kleinen Schneiderwerkstatt war eine europaweit bekannte Marke geworden: *Furtner Trachtenmode.* Bei der Vermarktung unterstütze sie ihr Mann Moritz. Der zwar wenig von Trachten verstand, dafür umso mehr von Marketing und Pressearbeit. Zusätzlich war Moritz ein Zahlenmensch, der permanent darauf achtete, dass genug Geld in der Kasse war. Deshalb konnte sich Nora voll und ganz auf die Entstehung und das

Aussehen der *Furtner Trachten* konzentrieren. Auf das Design, auf die Stickereien und die passenden Accessoires.

Vor einem halben Jahr war Nora siebenunddreißig geworden und galt in der Branche inzwischen unangefochten als brillante Fachfrau. Die Hüterin der alpenländischen Tradition und des Brauchtums. Dieser Ruf eilte ihr voraus. Sie und Moritz wirkten und wohnten auf einer Anhöhe im ehemaligen Erbhof von Moritz' Ahnen, mit Holzbalkon im ersten Stock, grünen Fensterläden, handwerklichen und kunstvollen Ausschmückungen und saisonalen Dekorationen aus Naturmaterialien. Das alles verriet dem Besucher mit einem Blick, dass man spätestens auf dem Hof von *Furtner Trachtenmode* im Inneren Salzkammergut angekommen war. Im Hintergrund bildete der Predigstuhl die ergänzende Kulisse. Die Kunden aus dem Ausland, vorwiegend aus Deutschland, schwärmten von dem prächtigen Ambiente.

Die Furtnerin war demnach zufrieden mit ihrem Leben. Es gab nur eine Sache die Nora Furtner störte. Vielmehr verdarb sie ihr die Freude an ihrem Dasein. Es war die, wie sie es nannte, modische Katastrophe, die in den letzten Jahren um sich griff und jetzt sogar in der rund 7.600 Seelengemeinde Bad Goisern Einzug hielt.

Das Oktoberfestdirndl.

Und genau so ein Dirndl trug Isabel Meingruber.

„Das Wiesndirndl ist keine echte Tracht", sagte Nora zu ihrer Freundin Michaela Auleitner, die zugleich seit Jahren die hauptverantwortliche Schneiderin bei Furtner Trachtenmoden war. Sie trafen sich jeden Dienstagmorgen zu einem Jour fixe außerhalb des Unternehmens im Cafe an der Unteren Marktstraße, um in Ruhe wichtige Anliegen zu besprechen. Die Handys stellten sie lautlos und auch sonst durfte niemand stören. Außer der Kellnerin, die ab und zu fragte, ob noch etwas gewünscht wurde. Sie saßen bei Kaffee und ihrem üblichen Frühstück. Zwei Semmeln, Butter, Marmelade und ein weiches Ei.

„Das G'wandl ist eine reine Zumutung", pflichtete ihr Michaela bei.

„Nicht nur Goisern ist inzwischen mit diesen Minikleidern im Trachtenlook infiziert worden. In der gesamten Region laufen diese jungen Dinger mit viel zu kurzen und tief ausgeschnittenen Dirndln herum", fuhr Nora fort. „Das hat doch nichts mehr mit dem Ursprünglichen zu tun."

„Geh, wenn's nur die jungen Dinger wären, die damit herumlaufen, dann könnt man das ja noch als Unwissenheit durchgehen lassen", meinte die Michaela. „Leider sieht man auch über 40jährige in pinkfarbenen Minidirndln. Und dazu tragens' ganz hundsordinäre Stöckelschuhe anstatt passende Trachtenschuhe", stöhnte die Michaela Auleitner. Die beiden Frauen waren sich einig, dass diese Entwicklung dem Untergang des Abendlandes gleichkam.

„Stell dir vor, Michi. Der Moritz hat mir letztens gestanden, dass ihm so manches Oktoberfestdirndl gefällt", empörte sich Nora. „Und dann hat er mich doch allen Ernstes gefragt, ob ich nicht einmal so ein Teil designen möcht' und du solltest das dann gleich nähen. Das käm' bei jungen Leuten sicher gut an und er könnt es gut vermarkten, meint er. Kannst du dir das vorstellen, Michi? Ausgerechnet mich fragt der so was!"

Michaela schüttelte ihren Kopf. „Das ist ja ungeheuerlich. Na, da müss' ma dringend was unternehmen und gegen diesen abscheulichen Trend ankämpfen."

Zusätzlich eröffnete doch tatsächlich wenige Tage vor der großen, jährlich stattfindenden Furtner Trachtenmodenshow, die dieses Jahr mit einem besonderem Höhepunkt aufhorchen ließ, ein Laden mit Oktoberfestdirndln im Angebot. Nahe jenem Haus, in dem Rudolf Steflitsch-

Hackl bereits in dritter Generation in bester Handwerkstradition die berühmten *Goiserer* erzeugte. Für Nora und Michaela eine unzumutbare Situation. Darüber hinaus war die Oktoberfestdirndl-Ladenbesitzerin gar keine Einheimische. Isabel Meingruber kam ursprünglich aus München. Vor drei Jahren angelte sie sich beim „Geign Dischgu" den Holzinger Anton. Die Städterin blickte dem begehrten Junggesellen beim Geigenfest tief in die Augen, und schon war's um ihn geschehen.

Derweil hatte doch die Michaela ein Aug auf den feschen Geigenbauer geworfen.

Nach zwei Jahren Fernbeziehung gab Isabel Meingruber ihr Leben in München auf und zog zu Nora und Michaelas Leidwesen nach Bad Goisern. Doch alles Negative hatte auch eine positive Seite. Erhielt das modische Grauen doch mit dem Einzug der hinterfotzigen Hexe endlich ein Gesicht und Nora und Michaela endlich ein Gegenüber, das es in weiblicher Solidarität zu hassen galt. Denn aus dem Weg gehen, konnten Michaela und sie der Münchnerin nicht. Der Anton und der Moritz waren Feuerwehrkameraden und gute Freunde. Zusätzlich tauchte Isabel Meingruber wie eine lästige Fliege bei allen Festivitäten auf, zu denen naturgemäß auch Michaela und Nora gingen. Sie machte sich beliebt im Ort und zeigte Interesse am heimischen Brauchtum.

„Die Deitsche heuchelt des Interesse doch nur", waren Michaela und Nora felsenfest überzeugt. Sie waren aber beide klug genug, diese Meinung für sich zu behalten, weil man ihnen das sonst als puren Neid auslegen konnte.

Beim offiziellen Kennenlernen, einem Abendessen beim Moserwirt, machte Nora gute Miene zum bösen Spiel. Dennoch blieben an diesem Abend ihre Antworten nicht ganz ohne spitze Bemerkungen.

„Das freut mi fei, dass ich in dir sozusagen eine Verbündete gfunden hab", hatte Isabel Meingruber gesagt.

„Wie meinst jetzt das?", hatte die Nora gefragt.

„Na, die Trachten. Verstehst? Du produzierst das altheimische Dirndl und ich verkörpere im weiteren Sinn das Moderne", meinte die um acht Jahre jüngere Bayerin. „Damit hat Bad Goisern ein neues und damit breiteres Angebot. Trendige Trachten sind wichtig. Das bringt Schwung und neue Kunden. Du musst wissen, zum Wiesndirndl greifen auch die jungen Leut'. Freiwillig", hatte Isabel Meingruber versucht Nora das Oktoberfestdirndl schmackhaft zu machen.

„Mich hat niemand zwingen müssen ein Dirndl anzuziehen", hatte Nora entgegnet.

„Mich schon. Und heut' trag ich's gern. Und dass man beim Wiesndirndl noch dazu die pralle Weiblichkeit ins rechte Licht rückt, ist ein angenehmer Nebeneffekt. Weil d' Männer halt gar so gern schauen." Sie zwinkerte dem Anton und dem Moritz zu. Die beiden grinsten breit.

„Tracht ist Kulturgut und kein aufreizender Fetzen", hatte Nora Furtner erwidert.

„Aus einer strengen Kleiderordnung ist im Laufe der Jahre Mode geworden. Nur falls du das noch nicht mitbekommen hast."

Nora lächelte und schwieg, fügte jedoch in Gedanken hinzu: „Nur, weil du Funsen früher regelmäßig dein Geld als Kellnerin am Oktoberfest verdient hast, ist das noch lange kein Grund das Oktoberfestdirndl ins Innere Salzkammergut zu importieren und zu verkaufen."

Dafür hatte Nora Furtner nicht jahrelang die Schulbank in der Höheren Lehranstalt für Mode in Hallein gedrückt, ihren Abschluss mit dem Schwerpunkt Tracht mit Bestnoten bestanden, das Vernähen der Kleider mit schwierigen Stäbchenfalten an der Taille gelernt und sich in zahlreichen Kursen und Vorträgen weitergebildet, um sich nun mit Möchtegern-Trachtenkennern auseinandersetzen zu müssen.

Rustikale Eleganz, so stand es in der Einladung, die Nora Furtner zur Boutique-Eröffnung erhalten hatte. *Isabel Meingrubers Dirndl-Boutique in rustikaler Eleganz.*
„Wie kann man nur so an Bledsinn vazapfen", schimpfte Nora und legte Moritz die Einladung auf den Schreibtisch. „Das ist keine rustikale Eleganz, auch keine Trachtenmode", die Betonung lag auf dem Wort Mode. „Was die verkauft, das spottet jeder Beschreibung."
„Grad du solltest wissen, dass auch Trachten der Mode unterliegen", antwortete Moritz, was ihm einen strafenden Blick seiner Frau einheimste. „Die kurzen Dirndln gab's schon in den 1970er Jahren, angelehnt an den Mini", fuhr er unbeirrt fort.
„Früher gaben Trachten Auskunft über Herkunft und Familienstand."
„Du klingst wie eine alte Frau, Nora. Trachten in zeitgemäßer Neugestaltung stehen doch nicht im Widerspruch zur traditionellen Art", versuchte er sie milde zu stimmen.
„Heb dir diese Platitüde für unsere Pressemeldungen auf", zischte Nora.
Moritz zuckte mit den Achseln. „Ich weiß nicht, worüber du dich so aufregst. Außerdem versteh ich nicht, was du gegen die Isabel hast. Die ist doch sehr sympathisch."
„Blöampi", murmelte Nora.
Es waren die blonden langen Haare, die endlos lang erscheinenden Beine und das üppige Dekolleté, was Isabel Meingruber so sympathisch machte, war sich Nora Furtner sicher.

„Sie hat ein Recht darauf in ihrem Geschäft zu verkaufen, was immer sie möchte", beendete Moritz Furtner das Streitgespräch.

Also auch er. Ihr eigener Ehemann hieß gut, was diese Meingruber in der Marktgemeinde aufführte. Diese bajuwarische Trutschen! Sie und Michaela waren demnach im Kampf gegen die Verrohung der Sitten ganz auf sich alleine gestellt.

Die beiden Schaufenster zierten Modellpuppen in verschiedenen Wiesndirndln. Um ihre Hälse hingen Lebkuchenherzen. Mit weißer Zuckergussfarbe war der Name des Ladens: *Isabel Meingrubers Dirndl-Boutique* darauf geschrieben worden. Der Innenraum von der Dirndl-Boutique präsentierte sich bodenständig und ein klein wenig überladen geschmückt. Auf urigen Holztischen lagen blau- und rotweiß karierte Trachtenhemden und Lederhosen, dazwischen standen Glasteller mit Kräutern und Blüten. Blumenkränze hingen an den Wänden. Gestecke und Äpfel als Kerzenhalter, umwickelt mit allerlei Beeren sollten die Nähe zur Natur versinnbildlichen. Unzählige brennende Kerzen gaben dem Laden etwas Festliches. Die Dirndlkleider hingen in alten Bauernkästen, deren Türen offen standen. Generell war das Geschäft mit alten Bauernmöbeln eingerichtet worden. Nora musste sich eingestehen, dass die Einrichtung ihren eigenen Geschmack traf. Michaela tauchte an Noras Seite auf.

„Da kann man nur hoffen, dass die nie vergisst, die Kerzen auszublasen, bevor sie den Laden verlässt. Sonst ist's hier bald vorbei."

Zwei Freundinnen von Isabel Meingruber in grellfarbigen Wiesndirndln reichten den Gästen auf großen Tabletts original Münchner Bier, Weißwürste und Lebkuchenherzen. Auf letzteren prangte ebenfalls der Schriftzug der Boutique.

Es herrschte großes Gedränge in dem kleinen Laden. Es schien als wäre ganz Bad Goisern auf den Beinen. Neugierig beäugte man den Laden, die Besitzerin und die angebotene Ware gleichermaßen. Isabel Meingruber schlängelte sich zwischen den Gästen hindurch. Lächelte, schüttelte Hände und küsste jede Menge Wangen. Auch Noras Wangen. Die Eröffnung war, zu Nora Furtners Erstaunen, ein großer Erfolg.

Nach der Eröffnungsrede des Bürgermeisters, drängte sich Nora durch die Menge. „Dieses Geschäft bringt Bad Goisern in Verruf", erklärte sie dem Marktoberhaupt. „Bad Goisern steht für Tradition und Brauchtum und sicher nicht für …" Sie zeigte Richtung Oktoberfestdirndln „… nicht für das hier. Es ist, als würde man auf dem Adventmarkt in St. Wolfgang Weihnachtsmänner aus Plastik verkaufen."

„Der Vergleich hinkt, Nora", antwortete er.

„Gut! Dann eben ein anderer Vergleich. Ab sofort veranstalten wir statt dem Geigenfest ein Oktoberfest."

„Das kannst du doch auch nicht miteinander vergleichen", meinte der Bürgermeister.

Nora hielt an ihrer Meinung fest. „Du wirst schon sehen, Bürgermeister. Kitzbühel ist inzwischen fest in Münchner Hand. Und wenn ich mir das heute so anschau … es geht eh schon zu wie beim Stanglwirt: Weißwürste, Bier. Fehlt nur noch die Prominenz aus Funk und Fernsehen. Aber je mehr Promis durch den Ort stapfen und vielleicht sogar Häuser kaufen, umso besser für Goisern, hab ich Recht, Bürgermeister?"

„Ich bin mir sicher, dass beides in Goisern bestehen kann. Die traditionelle und die moderne Tracht", beendete er das Gespräch und mischte sich schnell unter die Menge.

Nora schlängelte sich nun ebenfalls durch die Gäste und drückte jedem eine Einladung zu ihrer eigenen Veranstaltung in die Hand. „Damit ihr nach dieser billigen Massenware auch Qualität sehts'. Traditionelles Handwerk, das bis nach Amerika exportiert wird", fügte sie bei jenen Gäste hinzu, die sie nicht persönlich kannte.

Irgendwann fasste Isabel Meingruber Nora Furtner sanft am Arm, zog sie zu Seite und raunte ihr ins Ohr: „Verteil hier nicht deine komischen Zettel. Meine Kunden stehen nicht auf dein altvadarisches Zeugs." Sie lächelte dabei, als hätte sie einer Freundin gerade eine wunderbare Neuigkeit erzählt. Nora Furtner hob teilnahmslos die Schultern.

„Deine Kunden?", frage sie spitz. „Dir ist schon klar, dass die Hälfte deiner Gäste heute eine Furtner Tracht trägt. Würd dir auch nicht schaden, zu meiner Veranstaltung zu kommen, damitst endlich was Gscheites siehst."

„Die Hälfte deiner Gäste wird bald ein Meingruber-Dirndl tragen, darauf kannst Gift nehmen."

Noch immer lächelte Isabel Meingruber. „Der Ort ist nicht dein Eigentum. Also führ dich hier nicht auf wie ein wild gewordener Platzhirsch. Bad Goisern ist nicht dein Eigentum."

„Was willst, Meingruberin? Einen Dirndlkrieg?", gab Nora Furtner ebenfalls höflich lächend zurück.

„Wenn's sein muss. Ich lass' gerne drauf ankommen."

Isabel Meingruber drehte sich um und wandte sich wieder ihren Gästen zu. Auch Nora fuhr damit fort, ihre Einladungen zu verteilen.

„Du benimmst dich, wie eine Furie", schimpfte Moritz Furtner, als sie auf dem Weg nach Hause waren.

„Ich habe lediglich potentielle Kunden zu unserer Trachtenmodenshow eingeladen."

„Du hast dich nicht nur lächerlich gmacht, sondern auch noch die Meingruberin beleidigt." Nora schwieg eine Weile.

„Hast du gesehen? Sie hat die Schürze falsch gebunden", ignorierte sie Moritz Schimpftirade.

Als ihr Mann nichts erwiderte, fuhr die Nora fort. „Sie hat die Masche auf der linken Seite. Derweil ist sie doch mit dem Anton liiert. Sie müsst sie also rechts binden."

Moritz schüttelte den Kopf.

„Warum bindet sie die Schürze links? Sind die beiden vielleicht gar nicht mehr zusammen?"

„Wer bist du? Die Trachtenmodenpolizei?"

„Nein. Aber das weiß man doch, dass links gebundene Schürzen symbolisieren, dass man noch zu haben ist. Gibt's Ärger im Paradies?"

Moritz Furtner sah seine Frau wütend an.

„Weißt du vielleicht was, was ich nicht weiß?", hakte sie nach.

„Lass mich in Ruh!"

Trachtenmodenpolizei. Das Wort gefiel der Furtner Nora.

Zwei Tage später bat Michaela Nora um ein Vieraugengespräch. Die beiden Frauen saßen in Noras Büro hinter verschlossenen Türen.

„Jetzt macht sie sich mit ihrer Möchtegern-Trachtenmode nicht nur in Bad Goisern breit, jetzt krallt sie sich auch noch deinen Mann", kam Michaela ohne lange Vorreden auf den Punkt.

„Wie, sie krallt sich meinen Mann? Hat etwa der Moritz …?" Nora Furtner wollte diese Ungeheuerlichkeit gar nicht aussprechen, geschweige denn sich ausmalen, dass ihr Moritz mit der Frau seines Feuerwehrkameraden ins Bett stieg.

„Nein. Nicht was du denkst", beschwichtigte sie ihre Freundin. „Er hat dich eher beruflich betrogen. Das komplette Werbekonzept für die Boutique-Eröffnung … was glaubst du, wer ihr das konzipiert und teilweise auch umgesetzt hat?"

Nora schüttelte den Kopf, obwohl sie sich die Antwort bereits ausmalen konnte. „Moritz."

„Woher weißt du das?"

„Ich weiß zufällig, wer die Lebkuchenherzen für die Boutique-Eröffnung gemacht hat", erklärte Michaela triumphierend. „Ich hab gestern meine Mutter in Bad Aussee besucht und da bin ich vorher in die Konditorei gegangen, in der ich jedes Mal die Tortenstücke zum Kaffee kaufe … die kennen mich dort … und da hat mir eben die Verkäuferin erzählt, dass sie kürzlich einen schönen Auftrag aus Bad Goisern erhalten haben. Ob's denn bei uns niemanden gäbe, der Lebkuchenherzen macht? Und dann hat sie mir gesagt, von wem der Auftrag kam. Da war sich der Moritz wohl ganz sicher, dass du's nicht erfährst, wenn er die Herzen auf der anderen Seite vom Pötschenpass in Auftrag gibt."

„Diese blonde Giftschlange" zischte Nora.

„Stell ihn zur Rede, Nora."

Nora schüttelte den Kopf. „Nein. Er wird alles abstreiten. Ich werde vorerst einmal den Mund halten."

Sie sah Michaela eindringlich an. „Und du wirst das auch tun."

„Stell ihn zur Rede, Nora", wiederholte Michaela. „Das ist eine Frage der Ehre. Wenn sich das herumspricht, bist du das Gespött des ganzen Ortes."

„Es ist besser, wenn sie glauben, ich weiß von nichts, Michi. Dann kann ich mir in Ruhe etwas ausdenken. Du kennst den Moritz. Der wird mir das Wort so lange im Mund herumdrehen, bis ich nicht mehr weiß, was richtig und was falsch ist. Ich muss einen handfesten Beweis in der Hand haben. Die Konditorin soll dir vorerst einmal eine Mail schicken, in der sie bestätigt, dass der Moritz die Herzen in Auftrag gegeben hat."

„Die wird sich doch sicher was denken, wenn ich da anrufe und womöglich dem Moritz Bescheid geben."

„Hast Recht. Das würde ausschauen, als ob ich ihm

nachspionier. Ich denk mir was anderes aus. Und bis es soweit ist, konzentrieren wir beide uns auf die bevorstehende Modenshow."

Michaela machte keine Anstalten zu gehen. „Du solltest endlich Kerzen besorgen", sagte sie angriffslustig.

„Um was genau damit zu tun?"

„Du verstehst schon."

Kurz darauf frischten zarte Strähnen Nora Furtners brünetten Pagenkopf auf und auch der Sommer zeigte sich von seiner besten Seite.

Die Sonne brannte erbarmungslos vom Himmel. Diejenigen, die nicht arbeiten mussten, tummelten sich am Ufer des Hallstättersees, um der Hitze zu entgehen. Man schwitze in Bad Goisern. Nora Furtner hingegen fröstelte. Sie war seit Stunden im Festsaal der Marktstube mit den Vorbereitungen für die große Trachtenmodenshow am Abend beschäftigt. Sie wollte die gelungene Eröffnung der Dirndl-Boutique überbieten, um sie endlich aus ihrem Kopf zu bekommen. Außerdem gab es in Bad Goisern seit Tagen kein anderes Thema mehr.

Bereits zum vierten Mal ließ sie die Tische umstellen. Sie wollte den Gästen den bestmöglichen Blick bieten. Schließlich standen die Tische so, dass man sowohl einen freien Blick auf die Saalmitte, als auch auf die Bühne hatte, wo das Geschehen zusätzlich auf eine Großleinwand übertragen wurde. Vor dem Eingang spielte die Goiserer Bürgermusik und für die Bühne engagierte Nora Furtner den Anton und seine Geigenmusiker. Die Musik musste zu den Trachten passen und das tat nur echte Volksmusik.

„Echte Volksmusiker halten am Ursprünglichen fest. So wie ich", erklärte Nora das Konzept der Veranstaltung. „Die volkstümliche Musi kann gerne die Meingruberin haben, die passt zum Oktoberfest-Dirndl."

Bereits eine halbe Stunde vor Beginn der Veranstaltung platzte der Festsaal aus allen Nähten. Unter die Menge mischte sich der Bürgermeister, ein Lokalredakteur der heimischen Presse und eine Journalistin eines wichtigen Trachtenmagazins. Unterm Strich gesehen, war der Abend ein noch größerer Erfolg als Isabel Meingrubers Eröffnungsfest.

Während Nora hinter den Kulissen das Zepter in der Hand hielt, pflegte Moritz an diesem wichtigen Abend Kontakte. Ganz besonders kümmerte er sich um die Pressedame von *Tracht & So*. Sie sollte sich wohl fühlen, um danach *Furtner Trachtenmoden* und das neue Festdirndl in den Himmel zu loben. Erst kurz vor dem eigentlichen Höhepunkt des Abends erschien die Trachtenmodenherstellerin persönlich im Festsaal. Die Musik verstummte und man drückte Nora Furtner ein Mikrophon in die Hand. „Bis zu diesem Zeitpunkt", begann Nora Furtner, „hat noch niemand das neue Goiserer Festdirndl gesehen, ausgenommen jener fleißigen Helferinnen, die unmittelbar mit der Produktion zu tun hatten." Dann folgten einige Dankesworte an den Bürgermeister, an die Goldhauben- und Kopftuchfrauen Bad Goiserns und schließlich bedankte sich Nora Furtner noch bei ihren Schneiderinnen, die aus ihrem Entwurf ein wahres Prachtexemplar gezaubert hätten. „Gefertigt in den Farben Bad Goiserns. Der Leib in grün und rot karierter Seide. Dazu ein schwarzer Rock mit roter Schürze", endete Nora Furtners Erklärung, während sie mit einer Hand Richtung Bühne zeigte, wo nichts geschah. Die Trachtenmodenherstellerin warf einen kurzen Blick auf das Publikum, das mit offenen Mündern auf den Höhepunkt wartete und wiederholte ihre Worte etwas lauter. Wieder nichts. Endlich ein Geräusch. Nora Furtner lächelte, nickte den Musikanten zu, die Geiger begannen zu spielen. Nora Furtner zeigte zum wiederholten Mal mit einer eleganten Handbewegung auf die Bühne, wo Michaela mit einem Stecknadelkissen am Handgelenk erschien. Sie war kreidebleich.

„Michi?", hauchte Nora. „Wo ist das Kleid?"

Einige Leute tuschelten. Die Schneiderin ging in die Knie, winkte Nora Furtner zu sich und flüsterte ihr etwas ins Ohr. Augenblicklich wurde auch die Furtnerin kreidebleich und stürmte aus dem Raum. Im Saal breitete sich Stille aus. Wäre eine Stecknadel zu Boden gefallen, man hätte sie gehört.

„Wer hat das getan?", brüllte Nora Furtner kurz darauf. Ihre Stimme überschlug sich förmlich. „Wer hat das Dirndl ruiniert?" Sie starrte auf einen Stofffetzen, der vor wenigen Stunden noch ein Festdirndl war, versteckt unter einem großen weißen Leinentuch. Ein Stofffetzen, der bestenfalls noch für den Ebenseer Fetzenzug zu gebrauchen war. Moritz betrat gemeinsam mit dem Bürgermeister und der Obfrau der Goldhaubenfrauen den Umkleideraum. Sie alle starrten auf die Katastrophe. Niemand konnte sich erklären, wie so etwas passieren konnte. Nach einigen hitzigen Wortgefechten war man sich einig. Es handelte sich eindeutig um einen hinterhältigen Anschlag auf Brauchtum und Tradition.

„Wer macht so etwas?" Die Frage des Bürgermeisters riss Nora Furtner aus ihrer Starre. Oh, sie wusste genau, wer für die Katastrophe verantwortlich war. Aber sie schwieg. Denn beweisen konnte sie ihre Vermutung nicht. Ein Blick in Michaelas Augen verriet, dass die Schneiderin ihre Meinung teilte. Wutentbrannt stürmte sie zurück in den Festsaal, wo die Leute inzwischen zu essen begannen. Kellnerinnen servierten Hausmannskost und die Goiserer Beriga-Pascher unterhielt das Publikum mit G'stanzln. Sie alle senkten den Blick, sobald die Furtnerin auftauchte. Niemand getraute sich den verpatzten Höhepunkt des Abends anzusprechen. Die Geiger hatten zusammengepackt, hatten sich unter die

Gäste gemischt und tranken ein Bier. Nora suchte Isabel, fand sie nicht. Das überrascht mich nicht, dass dieses feige Miststück schon gegangen ist, ging es Nora Furtner durch den Kopf. Auch von Anton war keine Spur zu sehen.

Die Lokalzeitung berichtete in der nächsten Ausgabe von dem Eklat bei der Modenshow. Man sprach von einem gemeinen Anschlag und einer hinterhältigen Tat. Der Schreiberling lobte die neue Furnter Trachtenmode in den Himmel, und vergaß nicht zu erwähnen, welch bedeutsame Botschafterin der heimischen Volkskultur Nora Furtner sei. Kurzum: Man wollte sich den Unmut der einflussreichen Unternehmerin nicht zuziehen. Das Trachtenmagazin ließ diesen Skandal zum Glück gänzlich unter den Tisch fallen, widmete der neuen Furtner Trachtenmode eine ganze Seite und brachte viele Bilder von der Show in hochaufgelöster Qualität. Genau soviel Platz erhielt Isabel Meingrubers Boutique-Eröffnung. Moritz hatte augenscheinlich auch die Pressearbeit für Isabel übernommen.

Michaela ermahnte Nora mehrmals, Moritz endlich zur Rede zu stellen, vielmehr betonte sie inzwischen: „Schmeiß ihn raus! Er hintergeht dich."

„Du urteilst zu schnell. Ich will zuerst wissen, warum er es getan hat. Es muss einen triftigen Grund dafür geben, sonst hätte Moritz das nicht getan."

Nora versuchte Moritz' Betrug mit Würde zu ertragen.

„Er betrügt dich", sprach Michaela aus, was Nora noch immer nicht zu denken wagte.

„Du glaubst, die beiden haben etwas miteinander?"

„Wenn der Moritz für diese Bayerin sogar schon umsonst Werbekonzepte entwickelt, ist das nicht der abwegigste Gedanke."

„Soweit würd der doch nicht gehen", versuchte Nora die Sache herunterzuspielen.

„Hat er ihr eine Rechnung gestellt?"

Am Abend durchsuchte Nora den Rechnungsordner. Fehlanzeige.

Zwei Wochen später richteten die Furtners ein großes Sonnwendfeuer aus. Das taten sie jedes Jahr, weshalb man es auch jetzt von ihnen erwartete. Aufsehen hin oder her. Zu dem Fest wurden Freunde, Kunden, Geschäftspartner und der halbe Ort eingeladen. Vor der prächtigen Felskulisse der Salzkammergut Bergwelt war am Tag zuvor ein kleines Dorf entstanden. Rund um den Furtner-Hof konnten sich die Besucher an Ständen mit Bauernkrapfen, Speckbroten, Schnäpsen und Most die Zeit vertreiben bis zur Entzündung des Scheiterhaufens. Abwechselnd spielten Musiker auf einer eigens errichteten kleinen Bühne echte Volksmusik. Auch der Anton spielte auf und naturgemäß trug Isabel Meingruber ein ultrakurzes grellgelbes Dirndl mit rosa Schürze und beigen High-Heels, was ihr das Gehen auf der Wiese schwermachte.

Nora Furtner begrüßte die ankommenden Gäste, wechselte ein paar Worte über den überaus heißen Juli mit ihnen. „Wie geschaffen für das Fest", stellte sie fest und tauschte ein paar Banalitäten aus. Das Thema Festdirndl wurde totgeschwiegen. Nora hatte mit dem Bürgermeister vereinbart, dass das neue Dirndl bei den Gamsjagatagen im August vorgestellt werden sollte.

Sogar Isabel Meingruber streckte Nora Furtner die Hand entgegen und stellte sich vor, wie diese mit ihren hochhackigen Schuhen umknickte und sich den Knöchel brach. Dazu lächelte sie freundlich. Vor dem Stand mit Bauernkrapfen fing Michaela Nora ab.

„Dass du der noch die Hand reichst", flüsterte sie ihr zu.

„Mach dir deinen Feind zum Freund", erwiderte Nora ebenfalls flüsternd.

„Was hast du vor?"

Nora gab keine Antwort. Sie lächelte und war die fröhliche Gastgeberin, wie man sie kannte. Und allmählich reifte der Plan in ihrem Kopf. Sie wusste bereits genau, was sie tun wollte. Wie sie ihr Vorhaben umsetzen konnte, wusste sie noch nicht. Da kam ihr der Zufall zu Hilfe. Moritz und Isabel beim Stand des Mostbauern. Anton spielte Geige auf der Bühne. Isabels Handtasche stand unbewacht auf einer Bierbank. Nora bewegte sich langsam darauf zu, blieb neben der Bank stehen und tat, als müsse sie sich die Schürze richten. Sie blickte sich um. Michaela blickte sic an. Sie deutete mit dem Kopf Richtung Moritz und Isabel. Ihre Freundin verstand. Sie gesellte sich zu den beiden und lenkte sie ab. Blitzschnell griff Nora in die Handtasche ihrer Feindin. Während sie darin herum fingerte, behielt sie ihre Umgebung im Auge. Moritz, Michaela und Isabel plauderten noch immer mit dem Mostbauern, aßen belegte Brote und verkosteten den vergorenen Apfelsaft. Anton fiedelte Volksweisen. Da spürte Nora den Schlüsselbund. Rasch schloss sie ihre Hand zur Faust und schob ihn unter ihre Schürze und entfernte sich.

Die Zeit bis zum Sonnenuntergang schlich dahin. Nora quälte sich durch den Nachmittag, befürchtete sie doch jederzeit die Entdeckung des Diebstahls. Dann war es endlich soweit. Der große Holzhaufen wurde entzündet.

Nora trank noch einen Schnaps mit einigen Gästen, zog dann weiter zur nächsten Runde. Als sie das Fest verließ, fiel ihr Blick auf den Scheiterhaufen aus Holz, der inzwischen zur Gänze in Flammen stand.

Alles war still.

Die B145 lag im fahlen Licht der Straßenlaternen. Keine Menschenseele ließ sich auf der Bundesstraße blicken. Nur ab und an leuchteten Scheinwerfer eines Wagens auf, erhellten den Asphalt, um gleich darauf wieder zu verschwinden. Zuckende Lichtpunkte auf den Anhöhen zeugten von den Sonnwendfeuern ringsum.

Im nächtlichen Halbdunkel glich Isabel Meingrubers Dirndl-Boutique einem Geschäft für Faschingsbekleidung mit überladenen Schaufenstern. Nora machte sich am Eingang zu schaffen und schlüpfte kurz darauf durch das Eingangsportal. Der Verkaufsraum war noch immer mit zahlreichem Firlefanz geschmückt, wirkte nun größer als bei der Eröffnung. Die Türen der Bauernkästen standen offen. Zündhölzer reichten der Furtnerin, um ihren Plan zu vollenden. Es musste schnell gehen. Sie entzündete die vielen Kerzen im Raum, stellte sie gefährlich nahe an die leicht brennbare Dekoration. Danach arbeitete sie sich, mit Zündhölzern bewaffnet, von Dirndl zu Dirndl, zündete Teil für Teil an.

Die Lederhosen und Hemden verschonte sie, obwohl auch diese aus reiner industriell gefertigter Massenware stammten. Bald roch es nach Rauch und Stoff. Sie sah zu, wie die Flammen sich durch den Stoff fraßen.

„Da schau her, wen ich da beim Brandstiften auf frischer Tat ertappe."

Isabels Stimme ließ sie herumwirbeln. „Das weißt du aber schon, dass du grad den Laden von deinem Mann anzündest."

„Wie, der Laden meines Mannes?"

„Isabel Meingrubers Boutique gehört deinem Moritz. Schnallst du's noch immer nicht? So saublöd kannst doch nicht einmal du sein. Dem Moritz geht deine konservative Schiene doch schon lang auf die Nerven, deshalb wollt er das hier aufbauen. Und unter seinem Namen wär das ja wohl schlecht gegangen, also hat er mich vorgeschoben. Ich hab doch einen Job in Goisern gebraucht."

Nora war fassungslos. „Das glaub ich dir nicht." Damit war ihr augenblicklich die Sache mit der Werbekampagne klar. Michaela hatte recht.

„Glaub's oder glaub's nicht."

„Woher weißt du eigentlich ..."

„Woher ich weiß, dass du die Boutique abfackeln willst? Ich wusst es nicht, hab dich aber beobachtet und gesehen, wie du in meine Tasche gegriffen hast. Und als du dann den Hof verlassen hast, bin ich dir gefolgt."

Sie deutete auf die Zündhölzer in Noras Hand. „Hast noch mehr davon?"

Nora nickte.

„Dann gib her! Ich helf dir."

Nora warf ihr eine Packung zu. Isabel holte hinter dem Verkaufspult weitere Kerzen hervor. „Die werden wir brauchen."

Nachdem sie nahezu alles in Brand gesetzt hatten, was im Verkaufsraum brennbar war, wurde die Rauchentwicklung stärker. Der Qualm nahm ihnen die Sicht. Sie husteten, kämpften sich ins Freie.

„Warum hast du nicht die Polizei gerufen, sondern mir geholfen?", fragte Nora, als sie auf der Straße standen.

„Später", sagte Isabel. „Lass uns hier erst verschwinden."

Und weil Isabel Meingrubers Dirndl-Boutique über keinen Feuermelder verfügte, verstrich wertvolle Zeit. Zusätzlich kam um diese Uhrzeit kaum jemand an der Boutique vorbei, deshalb würde der Brand, wenn alles glatt lief, erst bemerkt werden, wenn es zu spät war. Zudem hielten die Feuerwehrmänner alle bei den verschiedenen Sonnwendfeuern Feuerwache.

Als sie zum Fest zurückkehrten, war Nora bester Laune. Moritz hatte sie hintergangen und sie hatte es ihm heimgezahlt. Auch wenn er nie die Wahrheit erfahren würde. Sie fühlte sich leicht, im Recht und spürt nur den Hauch eines schlechten Gewissens.

Das Sonnwendfeuer brannte noch immer lichterloh und die Leute feierten ausgelassen rund um den Hof. Niemand hatte etwas von Nora Furtners Ausflug bemerkt. Kaum hatte sie auf einer Bank Platz genommen und mit einer Bekannten zu plaudern begonnen, hörte sie die Feuerwehrsirene. Der Brand war schneller entdeckt worden, als sie gedacht hatte. Moritz und Anton sahen sich einige Sekunden an, dann machten sie sich auf den Weg. Mit ihnen rannten noch weitere fünf Feuerwehrkameraden los. Nora sprang von der Bank hoch, unterdrückte den Impuls die Augen zu schließen und versuchte innerlich ruhig zu bleiben. Sie gesellte sich zu den Schaulustigen, die den Abhang hinunterblickten. Isabel stellt sich neben sie.

„Und was ist mit dem zerschnittenen Festdirndl?", fragte Nora.

„Da fragst am besten deine Freundin Michaela."

„Michaela?" Nora schüttelte den Kopf. „Du spinnst doch. Warum sollte sie so etwas tun?"

„Eifersucht."

„Blödsinn. Worauf sollte sie eifersüchtig sein?"

In dem Moment tauchte Michaela aus einem Grüppchen Schaulustiger auf.

„Wenn du genau wissen willst, warum sie uns aufeinander hetzt, dann komm am Dienstagabend zur Fuchsbauer-Scheune am Hallstättersee-Ufer bei Obersee. 20 Uhr."

„Warum sollte ich kommen?"

„Du wirst dich wundern." Damit ließ Isabel Nora stehen.

Gegen zwei Uhr morgens kam der Moritz nach Hause. Nora Furtner lag wach im Bett. Sie hatte nachgedacht, darüber, ob sie Moritz sagen sollte, dass sie Bescheid wusste.

Sie war aber zu keinem logischen Schluss gekommen. „Und? Was war los?"

„Stell dir vor, der Isabel ihre Boutique ist ausgebrannt. War nichts mehr zu machen", erklärte er müde, mit Ruß geschwärztem Gesicht. „Ist alles hin. Als die Löschtrupps eintrafen, schlugen die Flammen bereits aus den beiden Schaufenstern", erklärte er mit hängenden Schultern. „Wir haben eine ganze Stunde gebraucht, bis der Brand gelöscht war."

„Oh Gott, wie konnte das denn passieren? Hat sie ihre vielen Kerzen brennen lassen?"

Ihr Ehemann zuckte mit den Achseln. „Möglich. Jedenfalls deutet nichts auf Brandstiftung hin."

Moritz verschwand im Badezimmer und ging unter die Dusche. Nora Furtner versuchte ruhig und gleichmäßig zu atmen, während sie an die Schlafzimmerdecke starrte.

Als Nora am Dienstagmorgen an dem Laden vorbeikam, prangte dort, wo tags zuvor ein Schaufenster mit grellen Minidirndln lockte, ein großes schwarzes Loch, aus dem es erbärmlich staubte. Und auch das Innere des Geschäftes war in keiner Weise verschont geblieben. Und was die Flammen nicht vernichten konnten, hatte das Spritzwasser der Feuerwehr zerstört. Die Aufräumarbeiten waren in vollem Gang.

Bei ihrem Jour fixe mit Michaela diskutierten die Cafehausbesucher über das Ereignis. Man spekulierte über Motiv und Täter, kam zu dem Schluss, dass dies die Handschrift eines Feuerteufels sei und man nicht mehr sicher sei in Goisern.

„Da war eine reine Meisterin am Werk", raunte Michaela wissend.

Abends war Nora in ihren Wagen gestiegen und zu dem Treffpunkt an den Hallstättersee gefahren. Der Himmel war klar. Der Pötschenpass ragte wie eine dunkle Gebirgsmauer gegen das Firmament. Im Wasser spiegelten sich die Sterne. Sie konnte sich nicht erinnern, wann sie zum letzten Mal nachts am Ufer gesessen hatte, um in Ruhe nachzudenken. Aber auch diesmal blieb ihr das verwehrt. Isabel wartete bereits auf sie.

„Lass den Wagen an der Straße stehen. Wir fahren mit meinem."

Etwa 200 Meter vor der Fuchsbauer-Scheune nahe dem See hielt sie an. Nora wusste, dass dort lediglich Heu und Stroh für das Vieh des alten Fuchsbauern gelagert wurde. Was um Himmels Willen wollte Isabel ihr hier zeigen?

„Ab jetzt keinen Ton mehr", befahl sie. Dann stiegen sie aus, gingen den Feldweg Richtung Scheune. Nora folgte ihr. Sie näherten sich der Scheune auf leisen Sohlen, spähten abwechselnd durch einen kleinen Ausguck ins Innere. In dem kraftlosen Schein des Mondes konnte sie im hinteren Eck der Scheune den Traktor mit Anhänger sehen. Die Seitenwände waren heruntergeklappt. Eine Petroleumlampe gab dezente Beleuchtung. Auf der Ladefläche lagen Decken und darauf Anton, Moritz und Michaela. Sie waren nackt. Anton küsste Michaela leidenschaftlich, während Moritz sich von hinten an ihr zu schaffen machte. Michaela mochte also Sex mit zwei Männern, ging es Nora durch den Kopf. Diese Tatsache fand Nora nicht verwerflich. Was sie hingegen verwerflich fand, war, dass ausgerechnet einer davon, ihr Mann sein musste. Wäre die ganze Sache nicht so ungeheuerlich gewesen, hätten die drei ein wahrlich schönes Bild abgegeben. So viel Leidenschaft lag in der Szene. Auch Moritz hatte also sein Jour fixe am Dienstag mit Michaela. Nora hatte genug gesehen. Sie wandte sich ab und suchte Isabel. Sie fand sie an der Außenseite der Scheune. Die Münchnerin rieb ein Zündholz an und entzündete durch eine Luke der

Bretterwand hindurch das trockene Stroh. Sie reichte Nora eine Packung Zünder. „Da! Das brennt gut."

„Warum wollte die Michaela unbedingt, dass ich den Moritz aus dem Unternehmen schmeiße?", fragte Nora als sie wieder im Wagen saßen.

„Aus dem gleichen Grund, warum sie wollte, dass der Anton mich verlässt. Sie wollt die beiden für sich allein haben."

„Aber das hat sie doch. Es hat doch niemand von der wöchentlichen Sauerei in der Scheune gewusst."

„Ich schon. Und ich hab wegen dem Scheißkerl mein Leben in München aufgegeben."

In den frühen Morgenstunden klingelten zwei Polizeibeamte Nora aus dem Bett. Sie erklärten, dass die Fuchsbauer-Scheune am See zum Großteil niedergebrannt war. Als die Feuerwehr ankam, hat die Scheune bereits lichterloh gebrannt. Man habe natürlich sofort mit den Löschmaßnahmen begonnen. Aber bis die Schläuche ausgerollt und voll Wasser waren, war nicht mehr viel zu machen. Und dann fand man im hinteren Teil der Scheune drei Tote.

„Ihr Mann hat sich mit dem Holzinger Anton und der Auleitner Michaela darin aufgehalten."

Rauchgasvergiftung hieß die Todesursache.

Die Brandursache konnte nicht eindeutig festgestellt werden. Fahrlässige Brandstiftung schloss man aus, denn niemand glaubte, dass die drei achtlos mit Feuer hantiert hatten. Obwohl man vor Ort eine Petroleumlampe fand. Man einigte sich auf Heuselbstentzündung. Das kam öfter vor.

Der ganze Ort versammelte sich zur Beerdigung auf dem Friedhof, begrub die angesehenen Bürger in allen Ehren. Man drückte Nora und Isabel gleichermaßen das Beileid aus. Niemand stellte die Frage, was denn die drei gemeinsam in der Scheune getrieben hätten. Niemand.

Ein halbes Jahr später stand Isabel Meingrubers Name neben Noras auf einem Messingschild am Furtner Trachtenhof. Die beiden Frauen eröffneten ihr erstes gemeinsames Geschäftslokal. Moderne und traditionelle Trachten unter einem Dach.

„Da hat das Schicksal zwei Kontrahentinnen vereint", zeigte sich auch der Bürgermeister froh.

Kurt Palm

Der Tote im Attersee

„Gefunden hat ihn ein Schlepper", sagte Polizeiinspektor Gruber, und deutete auf drei Fotos, die vor ihm auf dem Tisch lagen.

„Ein Schlepper?" Kommissarin Pernhaupt sah den Polizisten überrascht an und griff nach den Fotos.

Gruber schüttelte den Kopf. „Nein, kein Schlepper, wie Sie glauben, sondern ein Hechtschlepper. Der Pixner Franz ist schon um vier in der Früh mit dem Ruderboot hinausgefahren und hat geschleppt. Kurz nach fünf hat er dann die Zille gesehen, die scheinbar herrenlos im Wasser getrieben ist. Das ist ihm natürlich komisch vorgekommen. Also ist er hingerudert und hat dann den Toten gefunden. Und wie er –"

„Entschuldigen Sie", unterbrach ihn die Kommissarin, „aber was bedeutet der Ausdruck ,er hat geschleppt'? Ich habe nicht die geringste Ahnung, wovon Sie überhaupt sprechen."

Der Inspektor warf seinem Gegenüber einen fast mitleidigen Blick zu. „Wenn man vom Boot aus mit dem Blinker, dem Wobbler, der Perlmuttspange oder dem toten Köderfisch auf den Hecht geht, dann schleppt man die Angel hinter dem Boot her, indem man rudert oder mit dem Elektromotor fährt. Der Elektromotor ist aber erst seit heuer erlaubt.

Dann gibt es noch das Reinankenzupfen. Da wird das Boot verankert, weil man die Reinanken ja mit der Hegene, also den Nymphen am Paternoster, fängt. Da kann man nicht –"

Die Kommissarin winkte ab.

„Ja, ja, schon gut, so genau wollte ich es auch wieder nicht wissen. Und dieser Schlepper, dieser – wie hieß er noch einmal?"

„Pixner Franz", antwortete Inspektor Gruber kurz angebunden.

„Dieser Pixner Franz hat die Zille mit dem Toten also an sein Boot angebunden und ist damit zum Strandbad in Litzlberg gerudert?"

„Ja, was gar nicht so leicht ist, weil eine Zille ja viel schwerer ist als so ein Ruderboot. Vom Strandbad hat er dann mit seinem Handy bei uns angerufen, dass er den Roither Ewald tot in seiner Zille gefunden hat." Gruber stand auf und öffnete das Fenster hinter seinem Schreibtisch, schloss es aber gleich wieder, weil es draußen noch heißer war als in der Wachstube.

Die Kommissarin betrachtete die drei Fotos. Obwohl es erst neun Uhr war, herrschte in der Wachstube der Polizeiinspektion Schörfling am Attersee bereits eine fast unerträgliche Hitze. Linda Pernhaupt schwitzte wie in der Sauna. „Dieser Pixner Franz kannte also den Toten?", fragte sie.

„Den Roither?" Der Inspektor warf der Kommissarin einen erstaunten Blick zu. „Den Roither kannte doch jeder, der etwas mit der Fischerei am See zu tun hat. Das war ja der Grund, warum ich gleich beim Landeskriminalamt angerufen habe. Wie die uns vom Krankenhaus in Vöcklabruck mitgeteilt haben, dass der Roither keines natürlichen Todes gestorben ist, war klar, dass den irgendjemand umgebracht haben muss."

„Wieso war das klar?", fragte Linda Pernhaupt und machte sich ein paar Notizen.

Inspektor Gruber wischte sich den Schweiß von der Stirn. „Der Roither hat in den letzten drei, vier Jahren am Attersee ein Fischereirecht nach dem anderen aufgekauft oder gepachtet. Der war erfolgreicher Rechtsanwalt in Vöcklabruck und da spielte das Geld offenbar keine Rolle. Am Anfang haben alle noch gedacht, da kommt so ein Neureicher daher und will sich wichtig machen. Aber als er dann angefangen hat, denjenigen Fischern, die ihre Rechte nicht verkaufen oder verpachten wollten, das Leben schwer zu machen, wurde bald klar, dass der mehr wollte."

„Entschuldigen Sie", unterbrach die Kommissarin den Inspektor, „können Sie mir das mit den Fischereirechten kurz erklären?"

Gruber klopfte mit dem Kugelschreiber auf die Tischplatte. „Die Sache ist ganz einfach: Am Attersee gibt es 61 Fischereirechte, von denen aber mindestens zwei Drittel nicht genutzt werden. Entsprechend diesen Rechten ist der See eingeteilt. Und der Roither hat geschaut, dass er möglichst viele dieser Rechte bekommt, weil es offenbar sein Ziel war, die Fischerei am See unter seine Kontrolle zu bringen. Und er scheint ziemlich viel gezahlt zu haben, denn selbst das Stift Schlägl hat seine Rechte an den Roither verkauft, obwohl das Stift diese Rechte seit mehreren hundert Jahren besessen hat. Gleich um die Ecke von hier befindet sich übrigens die Forstverwaltung des Stifts. Die residieren in einem der schönsten Häuser von Schörfling, einem alten, renovierten Hof."

„Ja, o.k., aber als Rechtsanwalt wird doch der Roither geschaut haben, dass das alles legal abgewickelt wird. Weshalb sollte da jemand einen Grund gehabt haben, ihn umzubringen?" Linda Pernhaupt hatte das Gefühl, dass das Gespräch mit dem Inspektor ein bisschen ausfranste.

„Ich nehme schon an, dass das legal war", antwortete der Polizeiinspektor. „Es war ja sicher auch legal, dass der Roither der alten Frau Brandmaier ihr Haus am See zu einem Spottpreis abgekauft hat. Nach dem Tod der Frau

Brandmaier hat ihr Sohn zwar versucht, den Kaufvertrag anzufechten, aber das hat nichts genutzt. Der Roither hat sich ja angeblich in den zwei Jahren vor ihrem Tod aufopferungsvoll um die alte Frau gekümmert, und als Dank dafür hat sie ihm ihr Haus zu einem sehr günstigen Preis verkauft. Ihr Sohn hat vom Verkauf übrigens nichts gewusst, der ist nach dem Tod seiner Mutter aus allen Wolken gefallen."

„Das heißt auf gut Deutsch, dass der Sohn dieser Frau Brandmaier einen Grund gehabt haben könnte, den Roither umzubringen?"

„Na ja, das habe ich nicht gesagt. Ich habe nur gesagt, dass der Roither von vielen gehasst wurde. Der hat sich ja überall unbeliebt gemacht und sich sogar die Jagdrechte am See gesichert."

„Jagdrechte am See? Was will man denn am Attersee jagen?" Linda Pernhaupt kam aus dem Staunen nicht mehr heraus.

„Enten, zum Beispiel", antwortete der Inspektor und rutschte auf seinem Kunstledersessel hin und her. „Aber dem Roither ging es sicher nicht um die paar Enten, sondern darum, auch diesen Bereich unter seine Kontrolle zu bringen. Natürlich wird diese Jagd kaum ausgeübt, aber nachdem die Österreichischen Bundesforste seit Jahren alles verkaufen, womit sich Geld verdienen lässt, haben sie halt auch die Jagdrechte am Attersee an den Meistbietenden verkauft."

„Was mich interessieren würde, ist der wirtschaftliche Aspekt dieser Fischereirechte. Um wieviel Geld geht es da? Anders gefragt: Sind im Attersee wirklich soviele Fische, dass man damit das große Geschäft machen kann?"

„Das kommt darauf an", sagte Inspektor Gruber und holte eine Zeitschrift aus der Schublade. „Hier, das ist das Mitteilungsblatt des Konsortiums, das für die Bewirtschaftung des Attersees zuständig ist." Er blätterte kurz in der

Zeitschrift und deutete auf eine Statistik. „Hier steht's: Alleine 2010 und 2011 wurde der Attersee mit mehr als zwei Millionen vorgestreckten Reinanken besetzt, dazu kamen 800.000 Hechte und 50.000 Seeforellen. Gehen Sie einmal in ein Restaurant am See und bestellen Sie sich eine Reinanke. Was glauben Sie, wieviel die kostet?"

Linda Pernhaupt zuckte mit den Schultern. „Keine Ahnung, vielleicht zwölf oder dreizehn Euro."

„Die verlangen bis zu siebzehn Euro für eine Attersee-Reinanke", antwortete Inspektor Gruber triumphierend. „Natürlich überleben von den eingesetzten Reinanken keine zwei Millionen, aber wenn Sie sich vorstellen, dass ein Fischer, der entsprechend viele Rechte besitzt, in den Reinankenmonaten Mai, Juni, Juli und August, sagen wir, zehntausend Kilo Reinanken aus seinen Netzen holt, und er das Kilo um zehn Euro an die Gastronomie verkauft, dann sind das immerhin 100.000 Euro. Dazu kommen dann noch die Einnahmen aus den Angellizenzen für die Tages- und Jahreskartenbesitzer, die ja zum Teil auch an die Inhaber der Fischereirechte gehen. Da kann also schon eine ordentliche Summe zusammenkommen."

„Wieviel kostet denn so eine Tages- oder Jahreskarte am Attersee?"

„Eine Tageskarte kostet zur Zeit 20 Euro und eine Jahreskarte zwischen 160 und 210 Euro, je nachdem, ob man nur vom Ufer oder auch vom Boot aus angeln möchte."

Linda Pernhaupt notierte sich diese Zahlen.

Inspektor Gruber wartete, bis sie mit ihren Notizen fertig war und sagte: „Übrigens findet heute Abend im Goldenen Schiff der Fischerstammtisch statt. Da könnten wir ja hingehen und mit den Leuten reden. Ich bin mir sicher, dass Sie da noch viele interessante Dinge über den Roither erfahren werden."

Linda Pernhaupt zögerte. „Das überlege ich mir noch. Zuerst möchte ich mir aber einmal die Zille ansehen und dann fahren wir nach Vöcklabruck ins Krankenhaus. Ich bin nämlich gespannt, woher die Wunden an Roithers Hals stammen." Die Kommissarin betrachtete eines der Fotos. Roithers Hals war auf beiden Seiten mit roten Blutstropfen übersät, die in unregelmäßigen Abständen über die gesamte Länge verteilt waren. „Sieht aus, als wären das Nägel oder sonst irgendwelche spitzen Gegenstände gewesen."

Inspektor Gruber überlegte kurz. „Es ist zwar ein Blödsinn, aber der Pixner hat gemeint, dass das ausschaut, wie wenn den Roither ein riesiger Hecht in den Hals gebissen hätte."

Linda Pernhaupt runzelte die Stirn und sah sich die Wunden genauer an. „Was, es gibt Hechte mit einem so riesigen Maul im Attersee? Das ist ja furchterregend."

„Ja, sicher", antwortete Gruber, „das größte Exemplar, das der Hechten-Sepp gefangen hat, war einunddreißig Kilo schwer. Der hatte ein Maul mit einem Durchmesser von fünfundzwanzig Zentimetern. Ein richtiges Monster. Der Hechten-Sepp gehörte übrigens auch zu denen, die mit dem Roither so ihre Probleme hatten. Der Roither hat den Sepp sogar einmal vor Gericht gebracht, weil ihm der Sepp einen Kinnhaken verpasst hat. Der Roither hat ja angefangen, die Angler zu kontrollieren. Und wie der Sepp einmal aus seinem Boot ausgestiegen ist und der Roither gesagt hat, dass er seinen Fang kontrollieren will, hat ihm der Sepp einfach einen Faustschlag versetzt. Der Sepp ist vom Gericht zu einer ziemlich hohen Geldstrafe verurteilt worden."

„Also hätten wir noch einen, der einen Grund gehabt haben könnte, den Roither umzubringen. Mit diesem Hechten-Sepp und dem Sohn der Frau Brandmaier möchte ich gerne heute Nachmittag sprechen." Linda Pernhaupt blickte auf das Display Ihres Handys. „Schauen Sie bitte, dass die beiden bis spätestens fünfzehn Uhr hier im Wachposten erscheinen."

„Na ja, wenn Sie glauben", antwortete Gruber und schüttelte den Kopf.

Zwanzig Minuten später hielt der Polizeiwagen am Parkplatz des öffentlichen Strandbads von Litzlberg. Ein schwarz gekleideter Security-Mann, der die ordnungsgemäße Bezahlung der Parkgebühren kontrollierte, winkte der Kommissarin und dem Inspektor jovial zu, und sagte in ostdeutschem Dialekt: „Ihre Kolleschen sind scho unten am Wassa. Falls Sie was von mir brouchen –"

Die Kommissarin würdigte den glatzköpfigen Security-Mann keines Blickes und ging demonstrativ an ihm vorbei. Der Inspektor zuckte mit den Schultern und verzog sein Gesicht, so, als wollte er sagen, dass er für das Verhalten der Kommissarin nichts könne.

Trotz der großen Hitze waren überraschend wenig Badegäste im Wasser. Die meisten standen um die Absperrung, die die beiden Polizisten Haberpointner und Stallinger mithilfe eines rot-weiß-roten Plastikbandes errichtet hatten. Hinter der Absperrung lag die Zille in der Wiese.

Die halbnackten, meist übergewichtigen Menschen in ihren Badehosen, Bikinis und Badeanzügen sahen die Kommissarin gespannt an. Linda Pernhaupt setzte ihre Sonnenbrille auf und flüsterte dem Inspektor zu: „Die Leute sollen gefälligst verschwinden. Das hier ist eine Amtshandlung und keine Realityshow."

Inspektor Gruber räusperte sich und schlug einen amtlichen Ton an: „Gehts doch weg von da. Wir müssen die Zille jetzt untersuchen und können keine Zuschauer gebrauchen."

Die Herumstehenden taten so, als hätten sie nichts gehört. Linda Pernhaupt wandte sich an die beiden Polizisten, die sich mit einigen der Badegäste unterhielten. „Können Sie bitte dafür sorgen, dass ich mir in Ruhe diese Zille ansehen kann? Im übrigen würde ich gerne mit diesem Herrn Pixner sprechen."

„Der Pixner Franz", sagte der dickere der beiden Polzisten und deutete Richtung See-Stüberl, „sitzt dort drüben unter dem Baum und trinkt ein Bier. Ich glaube, er redet gerade mit einem Redakteur von der Vöcklabrucker Rundschau."

Linda Pernhaupt sah unter einem Baum einen älteren Mann an einem Tisch sitzen, der von Schaulustigen umringt wurde. Dazwischen stand ein Fotograf, der Pixner von allen Seiten ablichtete.

„Was soll denn dieser Unsinn?", fragte die Kommissarin verärgert. „Haben Sie diesem Pixner nicht gesagt, dass er zuerst mit mir sprechen muss? Das ist doch unglaublich."

Der Polizist Haberpointner sah hilfesuchend zu seinem Vorgesetzten, der aber demonstrativ wegschaute. „Ja, ich kann ihn ja nicht anbinden, und er hat gesagt, wenn sich die aus Linz so lange Zeit lassen, geht er ein Bier trinken. Wir haben hier ja auf die Zille aufpassen müssen."

„Schon gut", murmelte die Kommissarin, und schlüpfte unter der Absperrung durch. „Aber jetzt holen Sie mir gefälligts den Pixner her, damit ich mit ihm reden kann."

Haberpointner zuckte mit den Schultern und marschierte Richtung See-Stüberl. Als die Kommissarin den übergewichtigen Polizisten in seiner durchgeschwitzten Uniform über die Wiese watscheln sah, musste sie sich das Lachen verkneifen. Sie dachte an das Rundschreiben des Innenministeriums, in dem über die neuen Polizeiuniformen informiert wurde: „Die Uniform ist für härteste Einsätze geeignet, Sportlichkeit unterstützend, schützend, qualitativ hochwertig und funktional. Sie ist unverwechselbar und auffällig, Kompetenz vermittelnd, Vertrauen fördernd und strahlt die Philosophie einer modernen Polizei aus." Die Designer der neuen Uniform kannten offenbar den Polizisten Haberpointner aus Schörfling am Attersee nicht, dachte Linda Pernhaupt und wandte sich der Zille zu.

In der Zille, deren Benzinmotor hochgeklappt war, befanden sich neben einem Stechruder, einem Netz, einem Enterhaken und diversen Fischereiutensilien auch einige Plastikkübel, die mit Reinanken und Saiblingen gefüllt waren. Zwischen den Kübeln lag ein mittelgroßer Hecht. Linda Pernhaupt deutete auf den Fisch. „Dieser Hecht kann doch den Roither unmöglich in den Hals gebissen haben, oder?"

Inspektor Gruber schüttelte den Kopf. „Auf keinen Fall. Der kann Sie höchstens in die Hand zwicken, aber selbst das ist unwahrscheinlich. Diese Berichte in den Zeitungen, dass badende Kinder von einem Hecht gebissen worden sind, sind der komplette Unsinn. Ich habe jedenfalls noch nie gehört, dass ein Hecht je einen Menschen angegriffen hätte. Die Hechte haben ja im See –" Gruber wurde vom Klingeln seines Handys unterbrochen. Er warf einen Blick auf das Display. „Die Wasserpolizei." Er machte automatisch eine halbe Drehung nach rechts.

„Servus Stefan, was gibt's denn? – Was, schon wieder, das darf doch nicht wahr sein. – Nein, du, wir sind ja mit dem Roither beschäftigt und können uns da frühestens am Nachmittag darum kümmern. – Ja, schick mir die Sachen rüber, aber das dauert heute. – Ja, in Ordnung, servus." Gruber steckte sein Handy in die Hosentasche. „Jetzt ist schon wieder ein Taucher ertrunken. Drüben bei Weyregg. Das ist heuer bereits der siebente. Wenn das so weitergeht, stellen die in diesem Jahr noch einen Rekord auf."

„Was für einen Rekord?", wollte die Kommissarin wissen.

„Seitdem ich in Schörfling als Polizist arbeite, und das sind jetzt immerhin schon zweiundzwanzig Jahre, sind jedes Jahr im Durchschnitt sechs Taucher im Attersee ertrunken. Aber mehr als zehn Tote hatten wir in einer Saison noch nie. Heute ist erst der 20. Juli und die Saison dauert noch bis Ende September. Da gehen sich locker noch ein paar Tote aus. Den Taucher heute haben sie wenigstens gefunden, aber die Hälfte der Verunglückten wird nie gefunden."

„Sie wollen damit sagen, dass im Attersee immer noch einige tote Taucher liegen?" Linda Pernhaupt sah mit einem mulmigen Gefühl den badenden Kindern zu.

„Einige? Ich würde sagen Dutzende. Aber die liegen so tief unten im Schlamm, dass sie der Trinkwasserqualität des Attersees nichts anhaben können."

Die Kommissarin deutete auf mehrere Bojen, die weit draußen am See zu sehen waren, und die Enden der jeweiligen Fischernetze markierten. „Waren das die Netze vom Roither?"

Gruber kniff die Augen zusammen und zuckte mit den Schultern. „So genau weiß ich das jetzt auch nicht, aber ich glaube, dass dieses Gebiet zur Gänze vom Roither befischt worden ist. Aber da kommt eh schon der Pixner Franz, der kennt sich da besser aus."

Haberpointner hob das Plastikband in die Höhe, damit sich Pixner nicht allzu tief bücken musste. Pixner war etwa siebzig Jahre alt und hatte ein von blauen Äderchen durchzogenes Gesicht. Das Bier im See-Stüberl dürfte demnach nicht sein erstes an diesem Tag gewesen sein. Linda Pernhaupt gab dem alten Fischer die Hand. „Grüß Gott, Kommissarin Pernhaupt vom Landeskriminalamt Linz."

„Petri Heil, Pixner", antwortete der Mann und drückte die Hand der Kommissarin so fest, dass sie fast aufgeschrien hätte. „Ich habe es eh schon dem Redakteur gesagt, dass ich gleich gesehen habe, dass der Roither tot war. Der hat ja keinen Muckser mehr gemacht und seine Augen waren ganz verdreht."

„Sagen Sie, wie weit von seinem Fischernetz entfernt haben Sie den Herrn Roither gefunden?"

„Nicht weit", antwortete Pixner und überlegte. „Vielleicht zwanzig Meter vom Netz entfernt. Aber es ist ja kein Wind gegangen in der Früh und die Strömung da draußen ist nicht sehr stark."

„Und ist Ihnen irgendetwas aufgefallen? Ich meine, haben Sie jemanden gesehen, der sich mit einem Boot dort bei Roithers Netzen aufgehalten hätte?" Linda Pernhaupt warf einen Blick hinaus auf das türkisblaue Wasser.

Pixner schüttelte den Kopf. „Also, wenn da ein anderer in der Nähe geschleppt hätte, hätte ich das gesehen. Heute waren ja nicht viele draußen, weil's eigentlich zu heiß ist für den Hecht. Der Hecht mag es nicht, wenn's so heiß ist. Da taucht er ab in die kühleren Regionen und verhält sich ruhig."

„Und sonst?", fragte Linda Pernhaupt.

„Und sonst musst du mit dem toten Köderfisch tief runter, weil sonst hast du sowieso keine Chance bei dieser Hitze", antwortete Pixner und deutete auf den Hecht in der Zille. „Den Hecht muss er mit dem Schwebenetz in einer Tiefe von mindestens zwanzig Metern gefangen haben. Der Roither ist ja mit seinen Netzen immer tiefer hinunter gegangen als die anderen Fischer. Deswegen hat es ja auch immer Streit mit den Tauchern gegeben."

Die Kommissarin streckte Pixner die Hand entgegen, zog sie im letzten Augenblick aber wieder zurück. „Danke für Ihre Auskünfte", sagte sie und wandte sich dem Polizisten Haberpointner zu, der die ganze Zeit interessiert zugehört hatte. „Der Herr Pixner ist fertig, er soll Ihnen aber seine Handy-Nummer geben, falls wir noch Fragen haben sollten."

„Ja, Petri Dank", antwortete Pixner, und marschierte in Begleitung Haberpointners zum See-Stüberl zurück.

„Ich hätte gerne, dass die Wasserpolizei die Zille abholt und irgendwo hinbringt, wo es keine Neugierigen gibt", sagte Linda Pernhaupt zu Inspektor Gruber. „Die haben ja sicher ein eigenes Bootshaus."

„Ja, schon, aber was ist mit den Fischen?" Gruber runzelte die Stirn. „Wenn die nicht schleunigst ausgenommen werden und in einen Kühlschrank kommen, fangen sie zu stinken an. Wäre ja ewig schade darum."

„Eigentlich stehen die Fische ja Roithers Frau zu. Klären Sie bitte, ob sie immer noch im Krankenhaus bei ihrem Mann ist. Ich möchte ohnehin mit ihr sprechen und bei dieser Gelegenheit können Sie das gleich mit den Fischen klären."

„Entschuldigen Sie, aber solange können wir nicht warten. Ich habe Ihnen ja gesagt, dass die schleunigst ausgenommen werden müssen."

„Und was erwarten Sie jetzt von mir?", fragte die Kommissarin gereizt „dass ich die Fische ausnehme?"

„Stallinger komm her", sagte Gruber forsch und winkte den zweiten Polizisten zu sich heran, „nimm die beiden Kübel mit den Reinanken und den Saiblingen und schau, dass die schleunigst ausgenommen werden und in den Kühlschrank kommen. Und den Hecht nimmst auch mit. Die Reinanken und der Hecht müssen vor dem Ausnehmen aber geschuppt werden."

„Ja, in Ordnung", sagte Stallinger dienstfertig und machte sich an den Kübeln zu schaffen.

Knapp eine Stunde später standen die Kommissarin und der Polizeiinspektor in der Pathologie des Krankenhauses Vöcklabruck und unterhielten sich mit dem Gerichtsmediziner.

„Die Sache ist ganz klar", sagte der Arzt und deutete auf Roithers Hals, „der Mann ist erwürgt worden und anschließend hat ihm jemand diese Wunden da zugefügt. Diese Wunden, die durchaus von Tierzähnen stammen könnten, waren aber in keinster Weise tödlich, die scheinen eher symbolischen Charakter zu haben."

„Gibt es irgendwelche Kampfspuren?", fragte Linda Pernhaupt.

„Na ja, das Opfer hat auf dem Hinterkopf eine Platzwunde, die mit ziemlicher Sicherheit daher rührt, dass er zu Boden geworfen wurde. Und unter einem Fingernagel haben wir ein kleines Stück schwarzes Neopren gefunden. Woher das stammt, ist schwer zu sagen. Aber nachdem Roither eine Wathose aus grauem Neopren getragen hat, könnte das schwarze Neopren vom Täter stammen."

„In Ordnung", sagte Linda Pernhaupt und machte sich ein paar Notizen, „das heißt, dass wir nach jemandem mit einer Wathose aus schwarzem Neopren suchen müssen." Sie wandte sich an Inspektor Gruber. „Was schätzen Sie, wieviele Fischer eine solche Wathose haben?"

Der Inspektor verzog das Gesicht. „Ich möchte mich ja nicht in Ihre Ermittlungen einmischen, aber ich kann doch nicht bei jedem Fischer eine Hausdurchsuchung machen und schauen, ob der irgendwo in seiner Garage eine schwarze Wathose hängen hat."

„Es muss ja nicht gleich eine Hausdurchsuchung sein. Wir können uns heute Abend ja einmal beim Fischerstammtisch umhören." Linda Pernhaupt wandte sich wieder an den Pathologen. „Können Sie etwas zum genauen Zeitpunkt des Todes sagen?"

„Na ja, nachdem der Tote kurz nach fünf gefunden wurde, würde ich sagen, dass der Tod höchstens eine Stunde zuvor eingetreten sein kann."

Linda Pernhaupt sah auf ihren Notizblock. „Die Sonne ist heute um 4 Uhr 29 aufgegangen, also dürfte der Täter bewusst die Dämmerung ausgenutzt haben. Außerdem muss er gewusst haben, dass der Roither bereits um vier hinausgefahren ist, um seine Netze einzuholen."

„Dass der Roither im Sommer so früh hinausfährt, war aber allgemein bekannt", sagte Inspektor Gruber. „Was glauben Sie, wieviele Beschwerden wir heuer wieder bekommen haben? Als Berufsfischer durfte der Roither ja auch in den Monaten Juli und August einen Benzinmotor verwenden, was ja sonst verboten ist, und da haben sich natürlich viele aufgeregt, wenn der um vier Uhr in der Früh mit Höchstgeschwindigkeit am See herumgebraust ist. Wenn ich ihn angerufen habe und ihn gefragt habe, ob er nicht später rausfahren könnte, hat er nur geantwortet, dass er ja schließlich auch noch als Anwalt arbeite und um spätestens acht in seiner Kanzlei sein müsse."

„À propos. Was hatten Sie für einen Eindruck von Roithers Frau?", wollte die Kommissarin vom Pathologen wissen.

„Die war ziemlich fertig und hat die ganze Zeit nur geheult. Wir haben sie vor einer Stunde nach Hause geschickt."

Während der Rückfahrt nach Schörfling meldete Linda Pernhaupts iPhone den Eingang einer E-Mail. Sie stammte von ihrer Sekretärin und enthielt die von der Kommissarin angeforderten Informationen über Roithers Privatverfahren der letzten Jahre. Sie überflog die E-Mail. „Dieser Hechten-Sepp, heißt der mit richtigem Namen Josef Habenschuss?"

„Ja, ja, das ist der Habenschuss Sepp, aber den nennen alle hier nur den Hechten-Sepp", antwortete Gruber, der gerade über die Agerbrücke Richtung Schörfling fuhr.

„Und was war das für ein Prozess vor zweieinhalb Jahren wegen diesem toten Taucher? Diesen Prozess hat der Roither ja auch gewonnen."

„Ja, das war eine tragische Geschichte. Es ist ja so, dass man am Attersee weder einen Tauchschein, noch sonst irgendeine Ausbildung braucht. Das ist auch der Grund, weshalb im Sommer täglich hunderte Taucher aus Deutschland, Italien oder Tschechien kommen und mir nix, dir nix ins Wasser springen. Obwohl dreißig Meter als Sporttauchgrenze gelten, tauchen diese Wahnsinnigen bis zu hundert Meter tief und wundern sich dann, wenn ihre Luftventile vereisen oder sie einen Tiefenrausch bekommen. Aber die Taucherlobby tut natürlich alles, damit in Österreich keine entsprechenden Gesetze erlassen werden. Bei der Schwarzen Wand in Steinbach –"

„Ich glaube Ihnen das ja alles, aber was hat das mit dem Prozess zwischen Roither und diesem Philipp Weidinger zu tun?"

„Also, die Sache war die", antwortete Gruber, während er den Wagen vor dem Polizeigebäude abstellte. „Im Sommer vor drei Jahren haben die Weidinger-Zwillinge vor Weyregg in einem Bereich getaucht, wo eigentlich nicht getaucht werden darf. Was genau passiert ist, ist bis heute nicht geklärt. Es kann sein, dass der Laurenz einen Notaufstieg gemacht hat und sich dabei in einem der Schwebenetze vom Roither verfangen hat. Der Philipp hat alles versucht, aber er hat den Laurenz nicht mehr aus dem Netz befreien können. Erst eine Stunde später hat ihn die Wasserpolizei herausgeholt, aber da war es natürlich schon zu spät. Der Philipp hat den Roither für den Tod seines Zwillingsbruders verantwortlich gemacht, weil er die Netze so tief gehängt hat, aber vor Gericht hat der Roither so viele Gutachter auf seiner Seite gehabt, dass der Philipp den Prozess schlussendlich verloren hat."

Linda Pernhaupt blieb auf dem Parkplatz stehen und blickte gegen den Himmel, wo keine einzige Wolke zu sehen war. Die Hitze würde also anhalten.

In der Wachstube angekommen, setzte sie sich an den Schreibtisch und gab auf der Internetseite ihres iPhones den Suchbegriff „Tauchanzug" ein. Sie klickte die erste Seite an und las: „Der Tauchanzug schützt den Körper eines Tauchers vor Unterkühlung durch das Wasser. Der Tauchanzug wurde 1819 von dem deutschen Werkzeug- und Büchsenmacher August Siebe in England erfunden. Die ersten Anzüge waren aus Metall, später wurden sie aus Gummi hergestellt. Der heute gebräuchliche synthetische Nassanzug wurde von den Zwillingen Bob und Bill Meistrell 1953 in Kalifornien entwickelt. Es wird dabei zwischen Nass-, Halbtrocken- und Trockenanzügen unterschieden. Eine wichtige Ergänzung sind Handschuhe und Füßlinge aus Neopren."

Sie schloss die Seite und legte ihr iPhone auf den Tisch.

„Der Hechten-Sepp ist übrigens schon hierher unterwegs, der Sohn der Frau Brandmaier ist allerdings seit einer Woche auf Urlaub in der Türkei und kommt erst in zwei Wochen zurück." Inspektor Gruber füllte zwei Gläser mit Wasser.

Immer, wenn Linda Pernhaupt das Gefühl hatte, der Lösung eines Falles nahe zu sein, machte sich in ihr eine gewisse Leere breit. Sie nahm sich zwar jedes Mal vor, den Ursachen für dieses Gefühl auf den Grund zu gehen, verschob dieses Vorhaben aber stets auf einen späteren Zeitpunkt.

„Zwei Dinge würden mich noch interessieren. Wer war dieser Taucher, der heute vor Weyregg ertrunken ist und wann genau ist dieser Unfall mit dem Laurenz Weidinger passiert?"

„Einen Augenblick", sagte Gruber und setzte sich an seinen Computer.

Linda Pernhaupt nahm einen Schluck Wasser, ehe sie ihre Notizen überflog. Zwei Passagen unterstrich sie mit dem Kugelschreiber: Schwarzes Neopren unter Fingernagel und Taucheranzug aus Neopren.

„Hier habe ich den Bericht der Wasserpolizei." Gruber deutete auf den Bildschirm. „Der Tote war ein Tscheche namens Ondrej Svoboda und stammte aus dem Ort Rokycany in der Nähe von Pilsen. Der ist heute in der Früh mit einer Gruppe von Tauchern in Weyregg angekommen und hat sofort einen Tauchgang absolviert. In fünfzig Meter Tiefe hat er dann die Orientierung verloren und musste einen Notaufstieg unternehmen. Ich kapiere das nicht, dass diese Leute so leichtsinnig sind." Der Inspektor schüttelte den Kopf. „Was wollten Sie noch wissen? Ach so, ja, wann dieser Unfall mit dem Weidinger Laurenz war. Moment, Moment, gleich habe ich es." Er klickte eine Seite an. „Hier ist das Protokoll. Der Unfall ist am 20. Juli 2009 um dreizehn Uhr passiert. Also um diese Zeit hat ihn die Wasserrettung aus dem Netz geholt."

Linda Pernhaupts Herz begann schneller zu schlagen. Ach, du Scheiße, ging es ihr durch den Kopf, heute ist es genau drei Jahre her, dass Laurenz Weidinger gestorben ist. Wenn das ein Zufall ist, fresse ich einen Besen.

Kurz nach siebzehn Uhr fuhr Linda Pernhaupt in Seewalchen auf die A1 Richtung Linz auf. Sie hatte den Mordfall Ewald Roither zwar innerhalb weniger Stunden gelöst, war aber trotzdem nicht glücklich. Vom Hechten-Sepp hatte sie erfahren, dass ihm vor einem Jahr der präparierte Riesenhecht gestohlen worden war. Es war derselbe Hecht, der die Spuren an Roithers Hals hinterlassen hatte.

Gabi Kreslehner

Ach … Hyazintha …

Die Fliegen. So viele Fliegen.
Sie öffnet die Tür nicht mehr. Die Tür zur Küche, die ihr Revier gewesen ist. Immer. Aber nun … nicht mehr. Nun sind die Fliegen da. Man kann sie hören. Ihr Summen. Durch die Tür. Sie geht nicht mehr hin. Nein. Öffnet die Tür nicht mehr. Sitzt weit weg. Drei Meter. Vier. Weit genug. Und hört das Summen doch. Hört es seit einer Ewigkeit. Hört es so tief in ihrem Herzen, dass sie weiß, es wird sie nie mehr verlassen. Hört es wie tönernes Geschrei. Hört es.
Das Kreisen. Das Sausen. Das Zischen. Um das Zentrum. Das Ziel. Das dort liegt in der Küche am Boden neben dem Tisch. Ein Klumpen Fleisch. Kein Mensch mehr. Getroffen. Tot. Zentrum. Ziel. Stinkend nach Urin, nach Moder, nach fauligem Brei. Hinuntergefallen vom Sessel wie ein Stein, abgerutscht aus der Sicherheit des Sitzens, kalt geworden schon längst an der Kälte des Bodens, starr, den Fliegen ausgeliefert und ihrem Summen. Wie sie.
Wie sie, die sie hier sitzt drei Meter weg von der Tür, vier, im äußersten Winkel des Zimmers und doch nicht weit genug. Kalt geworden im Inneren, starr, schreien wollend, aber trotzdem still, und spürt das Laute in der Stille, ein Vibrieren, ein Summen, die Fliegen.

Aus. Geh. Lass mich. Endlich. Los.

Nicht einmal noch ihn berühren, nicht ein einziges Mal noch seine Hand auf ihrem Gesicht … endlich in den Spiegel schauen und ihre Augen sehen … endlich … und sich fürchten … dann …

Die Brüche, am Anfang, wenn sie kommen, kommen immer leise. Das zumindest weiß sie jetzt.

Eine Geschichte, hören Sie, ist nicht zu Ende, nur weil der Vorhang gefallen ist. Glauben Sie mir. Niemand weiß das besser als ich, niemand. Gehen Sie also nicht. Ich habe zu reden. Und nicht mehr viel Zeit. Hören Sie mir zu. Schauen Sie mich an. Ich habe zu reden. Jetzt.

Jetzt! Dann … nicht mehr. Gehen Sie also nicht! Gehen Sie nicht.

Mein Name? Tut nichts zur Sache, glauben Sie mir. Sie werden ihn vergessen. Schon vergessen haben, wenn Sie aufgestanden und gegangen sind, weg aus meiner Geschichte zurück in Ihr Leben. Vielleicht wird ein leichter Grusel Sie begleiten, ja, das könnte sein, vermutlich wird das so sein, ein leichter Grusel, der Sie eine Nacht lang vom Schlafen abhält, vielleicht auch zwei, ein Grusel gepaart mit einer Hoffnung, dass niemals … niemals …

Wer ich bin? Woher ich komme?

Von weit. Ja. Ich habe einen weiten Weg hinter mir und dass er mich hierher gebracht hat, ist nichts, worauf ich stolz bin. Aber es ist, wie es ist.

Ich hatte eine Küche. Es ist lange her. Eine Küche in einem Wirtshaus. Es ist lange her. Ich war jung. Die Donau, die Straße, das Haus, ich in dem Haus. Das Haus alt, abgefuckt. Ich jung, nicht abgefuckt. Nein. Schön. Mein Körper fest und frisch wie junge Salatblätter im Morgentau, wie die Sonne, wenn sie sich satt in die Erde brennt. Was für eine Zeit!

Ich hatte ein Leben, kaum Geld, aber mich.

Und meine Küche. Und ein Leben. Was für eine Zeit. Macht mich lächeln jetzt. Und weinen.

Oft habe ich leise Tritte gehört und verhaltenes Flüstern hinter den Büschen, wenn ich an die Donau ging nach dem Kochen, nach den Speisen, nach der Hitze in der Küche in die Kühle des Abends. Tritte. Flüstern. Ja. Wenn ich mich auszog im diffusen Licht einer heranschwimmenden Nacht und an das stille Rauschen der Donau legte in den Schutz ihrer aubegrünten Ufer. Die Augen müssen ihnen bis zu den Knien geknallt sein, wenn sie da standen und glaubten, in mein Innerstes zu gaffen. Es war ein Spiel, ein schönes. Husch, machte ich, husch! Und sie liefen, junge Burschen, fast noch Kinder. Ihre Hosen waren ihnen eng geworden, eng zum Ersticken. Da war die Liebe noch etwas Holdes, etwas Wunderbares, da war die Liebe noch zum Sterben. Ja.

Sie lächeln?

Ja, lächeln Sie nur. Ich mag es, wenn Sie lächeln. Das gibt mir das Gefühl, als sei alles nicht so, wie es eben ist, als sei ich nicht so, wie ich eben bin, als bewegte das Leben sich in normalen Gefilden, als sei es nicht aus allen Rudern gelaufen, nicht in den Strudeln der Donau versunken, von denen man sagt, dass es sie schon lange nicht mehr gibt. Aber ich weiß es besser. Es gibt sie, Strudel, die dich in die Tiefe ziehen. In das Unwägbare. In das Schwarze. Wir sind Menschen und Menschen sind Triebwerk. Doch zurück … zu ihm.

Irgendwann kam er. Und kam von irgendwo. Und kam heim in sein Haus. Und kam und war da und blieb. Und sein Vater schon alt und dann tot.

Auch sein Name tut nichts zur Sache. Sie werden ihn lesen, morgen, in den Zeitungen. Die werden voll sein, ja, das werden sie, und das Fernsehen wird wohl berichten und das Radio und auch im Internet wird alles genau nachzulesen sein. Anschauliche Geschichte das, gut zum Erzählen, zum Berichten in schaurigen Zügen und ekelerregenden Einzelheiten.

Aber, sagen Sie, er braucht schon jetzt seinen Namen? Sonst bleibt er im Schemen, im Unbestimmten. Und auch den meinen würden Sie gerne wissen? Denn Namenlose sind Namenlose, sind Geister im Sog der Abende.

Gut dann. Keine Geister. Also gut. Georg. Nennen wir ihn Georg. Kein besonderer Name. Und Marianne. Georg und Marianne.

Schöne Namen, sagen Sie und lächeln.

Ja? Finden Sie?

Wie gesagt, ich mag es, wenn Sie lächeln. Das macht es einfach von den Anfängen zu erzählen. Denn die waren … so schön …

Eine große Liebe. Damals. Eine auf den ersten Blick. Eine, die dir einfährt mit Pauken und Trompeten und nicht wieder weggeht, nie mehr, auch wenn sie endet, wie sie eben endet.

Ein junger Spund. Einer, dem die Wirterei in die Wiege gelegt war. Nicht mehr ganz grün hinter den Ohren, kaum Speck auf den Rippen, einiges in der Birne, viel zwischen den Beinen.

Ja. Georg. Dem alles gelang. Kühn und sicher. Dem alles gehörte, erst das Haus und dann ich. Der sich in mich verliebte. Und er war süß. Ein wirklich süßer Schlauch. Nichts wie hinein in die gute Stube und nichts wie hinein in die gute Köchin!!

Lassen Sie mir eine Sekunde. Mich zu sammeln. In dieser Liebe. Kurz.

Ja, so war das. So.

Schließen Sie die Augen. Spüren Sie hinter den Lidern das Rieseln der Blätter in den Auen, sprüht die Donau ihren Sommerglimmer in Ihre Gedanken? Macht all das Ihr

Herz weit und Ihre Augen tief? Kühler Wein läuft uns die Mundwinkel herab, wir haben Lauchsuppe gegessen und Hühnerbrüstchen in Rahmsoße und Erdbeermus haben wir aufgetunkt mit weichen Kuchenstücken.

Ja. So war diese Liebe. So. So war Georg. Meiner.

Er sagte, meine Haut schimmere wie Perlmutt, wenn ich mich aufrichtete aus der Badewanne. Er sagte, ich sei schamlos, ein furchtbar schamloses Weib, wenn ich langsam aus der Wanne stieg, und dass das Wasser Rinnsale mache auf meiner Haut und Perlen, die aussähen, als schmeckten sie süßer als alles, was ihm je untergekommen war.

Ich fragte, wirst du satt vom Anschauen?

Er sagte, nein, und grub sich in meinen Bauch und meine Scham. Er sagte, keiner wird satt vom Anschauen, aber dein Herz erzittert.

Er sagte, er sei weit herumgekommen, er kenne die Dunkelheit der Mostfasslauben, die schwüle Luft, die betrunken mache und schwindelig in der Abenddämmerung, den Geruch und die Farben der Frauen, der Mädchen, der jungen, jungen Mädchen, geheimnisvoll und unschuldig und doch so verwegen wie Zimt und Koriander, Perlmutt und Huschhusch, sein Horn habe er sich abgestoßen, seine Hoden poliert an weichen Leibern, ihrem Geheimnis habe er nachgeforscht, begierig und mit Geduld, und es doch niemals entdeckt und es mache aber hungrig, so hungrig, wie ein Wolf fühle er sich manchmal, wie ein Wolf ...

Hätte ich da ahnen sollen? Ist es vor meinen Augen gelegen und ich sah es nicht? Weil ich es nicht sehen wollte?

Er kellnerte sich in die Herzen unserer Gäste und vor allem in meines. Er machte, dass ich das Glück spürte, das glimmende, gleißende Glück, er schaute mir beim Kochen zu und brachte mich zum Lachen, kostete von meinem Essen und aß ungestüm und ohne Manieren. Lachend rannte er mir

hinterher, der Wein schwappte aus dem Glas und machte rote Flecken auf dem Boden und auf dem Leintuch meines Bettes.
Die Jahre gingen.
Die Jahre.
Gingen.
Die Brüche, wenn sie kommen, am Anfang, kommen immer leise.

Wie?
Ob ich sterben wollte?
Als ich es zum ersten Mal mitbekam, weil er es ... einfach ... nicht mehr verbarg? Ob ich da sterben wollte? Ob das wahr sei? Dass Sie das gehört hätten. Dass man sich das erzähle.
Nein, ich glaube nicht.
Nein, nicht sterben wollte ich. Nein, das erzählt man sich falsch. Nein. Es war einfach so, dass ich ...
Es war einfach so, dass ich in den Spiegel schaute und die Falten unter meinen Augen sah und am Hals und dass meine Augen dabei waren zu erlöschen. Ich sah, dass meine Brüste sich mittelgradig dem Äquator zuneigten, dass mein Bauch es ihnen gleichtat, meine Schenkel ebenso, zersetzte Zellen, Brei. Ich schaute ihn an, Georg, sah, dass es ihm nicht anders erging, seine Waden voll mit Krampfadern, ausgeleierter Sack, zerronnene Eier, Stachel, der nicht mehr stechen will, verzeihen Sie meine Derbheit, aber Jahre sind ... Jahre. Ein jeder kämpft anders. Sie werden das selber wissen. Oder findet sich ab, Sie werden das selber wissen. Oder beginnt eine Suche. Sie werden das selber ...
Davon haben Sie nicht gesprochen, sagen Sie? Das haben Sie nicht gemeint. Und dass ich Ihrer Frage auswiche. Auf die es doch eine klare Antwort gäbe. Ja oder nein.
Aber ich weiche nicht aus. Ich bin nur nicht sicher.

Sterben. Ich. Als ich sah … Als er es mich bemerken ließ …
Als er nichts mehr … verbarg …

Wie soll ich sagen …

Vielleicht wollte ich ein bisschen … nicht mehr leben
… aber … sterben … sterben ist eine große Sache.
Es gab mir das Gefühl, als zerbräche ich. Als müsste ich
zerbrechen. Ich habe ihn geliebt. Nur ihn. Keinen vorher.
Keinen nachher. Das machte es schwer. Ich habe geschrien
und geflucht, bis ich keine Stimme mehr hatte und keine
Kraft und meine Flüche also die Aufrichtigkeit verloren und
mich nicht mehr am Brennen hielten.

Dann legte ich mich ins Bett und verschwand in meinen Gedanken, in meinen Tränen, über Stunden, über Tage,
ich weiß es nicht, bis ich leer war, und dann, ja, dann …
wollte ich wohl sterben. Ein wenig …

Aber er ließ mich nicht. Georg ließ mich nicht. Er zerrte mich aus dem Bett und unter die Dusche, er rümpfte
die Nase über meinem Gestank, er schrubbte meinen Körper, meine Haare, seine Hände glitten rasch und sicher über
mich hinweg und ich schloss meine Augen und ließ mich
fallen und dachte: es ist gut, er weiß alles, ich bin nicht
allein, er hält mich, ich bin sicher in seinen Händen, in
seinem Herzen, in seinem Kopf, er ist gut, er weiß alles, er
hält mich …

Sie glänzen, sagte er, deine Haare immer noch gelb wie
die Weizenfelder, du bist schön, sagte er, meine Schöne,
immer noch schön, aber ich, sagte er, du musst verstehen,
Marianne, ich brauche, sagte er und seufzte, manchmal für
mein Leben, für mich … etwas anderes, sagte er, etwas …
Besonderes, sagte er, brauche ich, und ich will, sagte er, dich
nicht anlügen, du hast die Wahrheit verdient, sagte er, die
Wahrheit, meine Marianne, nicht wahr, du verstehst das
und bleibst, sagte er, meine Marianne, immer meine.

Und ich schloss die Augen und nickte und er hüllte
mich in ein großes Tuch und trocknete mich ab und setzte
mich in den sanften Wind auf die Terrasse, der strich über
mich hinweg, während Georg, mein Georg, das Bett frisch
bezog, die Matratzen, die Decken, die Polster, dann holte
er mich und dann lagen wir aneinandergestrichen, aneinan-
dergefügt und still und ich wusste, so würde es nun sein, so,
nicht mehr wie vorher, aber so, sicher in seinen Armen immer noch, für immer seine Marianne, was auch geschehen
würde, niemals jemand zwischen uns, wie Blatt an Blatt,
nichts, was dazwischen ging, nichts, wir das Einzige, das Be-
stehende, das Wahre, das andere das Flüchtige bloß, immer
nur das Flüchtige, der Wind in den Gräsern, das Kräuseln
auf den Donauwellen. Es ist Jahre her. Wir hatten es gut
dann. Ja.

Er hat mir meine Engstirnigkeit verziehen, ich bin
dankbar gewesen. Das Wirtshaus lief gut, alles, was er an-
fasste, mein Georg, wurde zu Gold. Ein zweites Lokal in der
Stadt, wir pendelten, hielten alles am Laufen, eine Wohnung in der Stadt, ein abgelegenes Häuschen am Waldrand.
Still. Ruhig.
Wir haben uns zusammengerauft. Er hat sich verändert.
Ich habe mich verändert. So ist die Welt. Erstaunlich einfach. Finden Sie nicht?
Manchmal nur bin ich vorübergehend ausgezogen.
Nein, nicht, was Sie denken. Keine Streite. Kein Gefet-
ze. Immer nur kurz. Immer nur für ein paar Tage. Höchstens für ein paar Wochen. Wenn es ihm zu mühsam war,
in ein Hotel zu gehen. Diese abgefuckten Buden, sagte er,
völlig überteuert, keine Diskretion. Dann hat er mich gebeten … ob es mir etwas ausmache … die Stadtwohnung
sei groß und ich fühlte mich doch wohl in ihr und Theater

und Konzerte, alles, was mein Herz begehre. Alles, was dein Herz begehrt, Marianne, alles. Versteh doch, Marianne. Es ist wieder Zeit, Marianne. Alles, was du möchtest, Marianne. Ich bin so müde Marianne. Ich brauche, Marianne. Aber dir, Marianne, alles, was du möchtest, alles, ich bin so müde.

Nein, sagte ich, es ist schon in Ordnung, es macht mir nichts aus.

Er ist großzügig gewesen. Immer. Schmuck, Kleidung, Theaterkarten, Konzerte. Ich kann mich nicht beklagen.

Ob es einsam ist? In der Stadt? So allein? Wenn man weiß ...

Ja ... ja ... jaaa ...

Warum ich flüstere, fragen Sie. Aber ich flüstere doch nicht. Doch, sagen Sie, doch, jetzt schon wieder.

Wie oft? Ich gegangen sei? Wie oft? Ich das Feld geräumt hätte?

Ach, seien Sie still! Sagen Sie nichts mehr! Sie fallen mir in den Rücken, Sie stoßen mir Ihre Fragen wie Dolche ins Herz!

Aber ich weiß ja, Sie können nicht schweigen. Wir alle können das jetzt nicht mehr. Der Stein ist ins Rollen gekommen und rollt und rollt und Sie schauen mir ins Gesicht und stellen Ihre Fragen, einfach so und immer wieder und ich ... falle in ein Flüstern, weil die Welt zu laut ist, weil das Summen mich erschlägt, die Fliegen mich schlagen.

Nein, ich weiß nicht mehr, wie oft ich gegangen bin. Nein, ich weiß nicht mehr, wie oft ich das Feld geräumt habe. Wie das klingt obendrein! Wie schrecklich das klingt! Gibt es keine anderen Worte dafür?

Nein, sagen Sie, Sie wüssten keine. Nun gut, dann sollen es diese sein. Worte sind Worte, sind Worte nur, was sich dahinter verbirgt ...

Ich habe es nicht gezählt. Und es gab keine Regelmäßigkeit. Oder doch ... Monate ... alle paar Monate ... wenn ein Anruf kam, ein geheimnisvoller, leiser, für den er das Zimmer verließ. Am nächsten Tag fuhr er zur Bank, hob Geld ab, nicht wenig. Ich habe nie gefragt, ich habe es nur bemerkt. Und ich wusste dann, dass ich zu gehen haben würde für eine Weile. Und es war nur ein kleiner Stich.

Es machte mir keine Mühe. Ich mag die Stadt. Man versinkt in ihrer Eintönigkeit. Ich mag es, wenn die Straßen vom Regen glänzen und das Neon zu einer Glocke wird, die die Nacht erhellt. Meistens habe ich den Bus um zehn genommen, da waren kaum noch Leute unterwegs und es war schon dunkel, ich habe darauf geachtet, dass es nicht zu viel Gerede gab.

Wenn mich trotzdem jemand sah und fragte, sagte ich, ich führe auf Urlaub, ob man das nicht sehe, und deutete auf meine Reisetasche.

Allein?

Ja. Allein. Sei das merkwürdig? Weshalb? Lebten wir nicht in einem aufgeklärten Jahrhundert? Dürften Frauen immer noch nicht tun, was sie wollten? Da sei es aber dann nicht weit her mit der viel beschworenen Freiheit!

Dann habe ich gelacht und das Thema gewechselt. Wie geht es Ihrer Frau? Ich habe sie lange nicht gesehen. Die Kinder? Alle gesund? Bestellen Sie doch bitte Grüße.

Es war nichts Besonderes, dass ich ging. Man gewöhnt sich an alles.

Ob ich mich nie gefragt habe?

Was? WAS?

Ach, Sie meinen: Wie alt? Wie jung? Warum? Weshalb? Woher?

Nein, ich habe mich nichts gefragt. Was hätte ich mich fragen sollen? Ich habe gewartet, dass er mich rief. Dass er mich heimholte. In mein Haus. Immer wieder aufs Neue. In meinen Garten, an den Wald. Ich habe mich gefürchtet. Kein Theater, keine Konzerte, die Stadt hat mir nichts bedeutet, nur warten, dass die Zeit geht, dass die Zeit geht, dass die Zeit geht, dass er mich holt, dass er mich holt, dass er mich holt, zurück in mein Haus … in … mein … Haus … in mein Zimmer … in meine Küche. In sein Herz.

Uhren zerschlagen, weil ihre Zeiger nicht schneller vorrückten, aus den Fenstern starren in die lachenden Gesichter der jungen Mädchen, schreien, manchmal schreien, blind in einen Spiegel, blind in das Dunkel eines Kissens, aber warten … warten … immer … und mich fürchten … so viele Tage lang, so viel Zeit lang.

Manchmal dann, wenn er mich endlich geholt hatte, erschien er mir zornig und aufgebracht und ich trachtete danach ihn zu beruhigen und wurde selber ruhig, denn wusste wieder, dass er mich brauchte, mich.

Manchmal aber schien er von einem goldenen Strahlen durchgleißt, als sei das Leben endlich, endlich durch ihn hindurchgelaufen, als pulsiere er in einem Strom des Glücks. Da hab ich mein Herz gespürt, ein rasches Stechen, ein tiefes Ziehen, da wollte ich nie wieder etwas wissen, da hab ich ihn gehasst. Aber nur kurz. Und voller Vorsicht. Denn ich ahnte, wenn es zu viel wird, dann …

Einmal kam ich ins Zimmer und er stand ans Fenster gelehnt und er redete mit sich oder zum Fenster hinaus, er redete und ich habe es gehört. Wie Milch, sagte er und seine Stimme war leise wie ein Zittern, … wie Milch … wie Flaum …, sagte er und sagte es zu sich oder zum Fenster hinaus und ich aber … habe es gehört. Und gespürt, dass etwas zerbricht, noch etwas, dass etwas zerklickte, noch etwas, und spürte dieses Zerbrochene und Zerklickte und wusste, es würde nie mehr heilen, und da wandte er sich um und sah mich und sagte: Marianne, du bist schon da, wie schön, und lächelte und ich sagte: Ja. Ja, ich bin da, und er sagte: Komm! Komm in meine Arme!

Immer, wenn ich heimkehrte, zog es mich zu allererst in mein Zimmer, um es zu füllen mit meiner Gegenwart, um zu spüren, ich bin in meinem Haus, ich bin immer noch da, es umgibt mich mit seiner wärmenden Kraft. Ich öffnete die Fenster weit und sog die Luft ein, das Grün davor, die Blätter, die silbrig durch den Wind rieselten, die zimtfarbenen Hügel in der Ferne. Ich erspürte das Wogen, den Wind im Haar der Felder. Es rauschte und bauschte, ich legte mich hinein, die Halme, die Ähren streiften mein Gesicht, ich wurde ... still ...

Dann erst ging ich zu ihm.

Dann erst machte ich Kaffee, dann wärmte ich Milch, dann backte ich Brioche und Kuchen.

Die Küche übrigens ist immer mein Revier geblieben. In meinen Düften, sagte er, finde er sich zurecht und nur in meinen Düften.

Wenn ich nicht da war, blieb sie leer und er aß kaltes Huhn aus dem Kühlschrank und Brot und Äpfel aus dem Keller und Konserven. Dabei liebte er schon am Morgen kräftige Frühstücke, Speck mit Ei, und wie hätte er es geschätzt, hätten sie sie ihm zubereitet, jene Vögelchen, die er aus ihren Nestern geholt hatte, die noch die Brutwärme an sich trugen, er hätte, wie gesagt, ich weiß das, gerne diese Frühstücke gehabt, aber sie konnten sie nicht zubereiten, diese Vögelchen, sie wussten nichts darüber, sie konnten den Farbton des Eis nicht einschätzen, nicht die Bräune der Butter auf der Toastscheibe und dem Speck wäre wohl niemals die zarte Kruste geraten, die er so liebte. Nur ich konnte ihm sein Frühstück bereiten, nur ich, auf jene Art, die die Richtige war, aber ich war so oft ... nicht da ...

Sie aßen nicht viel, die jungen Dinger, das habe ich immer sofort gesehen, wenn ich zurück kam in mein Haus, sie hatten wohl ein wenig von der Marmelade genascht und von der Milch und ein Bröcklein Brot kriegten sie zwischen die Zähne, aber nicht mehr.

Ihre Namen? Ob ich sie wisse? Und woher sie kamen?

Nein, ich weiß nichts, nicht, wie sie hießen, nicht, woher sie kamen. Er gab ihnen neue Namen, Namen von Blumen – Lilie, Rose, Myrthe, Violetta, Iris, Hyazintha, Magnolia. Er machte sie klein und besiegbar, er streute den Tod in sie. Waren sie fort, sprach er von ihnen. Im Schlaf. An mir liegend. Ich hörte zu, vergaß alles. Er beschrieb ihre wasserhellen Augen, ihre knospenhaften Brüste, ihre zarten Schenkel, ihre Haut wie Milch. Ich hörte zu, vergaß alles, war schon gestorben.

Manchmal dieses Gefühl von Eigennutz. Es stand im Wind, schwang zwischen den Ästen, pulsierte im Takt meines Herzens. Da stand ich auf, setzte mich ans Fenster, schaute ihm beim Schlafen zu und hatte diese Macht, kurz und heiß, diese Macht. Schuld? Was reden Sie von Schuld?

Ja, ich habe mich schuldig gefühlt, das können Sie mir glauben. Weil ich ihm nicht genügte. Weil ich ein Stein war, ein Stein, der ihn nicht weich werden ließ, nicht weich genug. Weil ich ihm alt geworden war, mein Körper kein Käuzchen mehr, kein Mädchenklein. Meine Augen, meine Seele … dunklere Tümpel. Ich habe ihn nicht genug gewärmt, nicht genug und dann … konnte er … nicht anders …

Und schon wieder flüstern, sagen Sie, schon wieder flüstern? Ja. So ist das nun. Lassen Sie mich doch mit meinen Dingen!

Dass ich einfach hätte gehen müssen, sagen Sie. Frauenhäuser. Polizei. Dass wir im 21. Jahrhundert lebten, dass niemand müsse, wer nicht wolle.

Was reden Sie? WAS? Sie wissen nichts. Moral ist nicht für unsereinen. Ist für die, die in den Mitten stehen, an den anderen Ufern, außerhalb der Gräben, die lieben dürfen in leichten Häusern.

Und doch, beharren Sie, Sie blieben dabei, die Frage sei angebracht. Und vielleicht wäre alles anders ... und wir würden nicht hier sitzen nun. Warum also? Ich nicht gegangen sei.

Ich.

Nicht.

Gegangen.

Sei.

Sie machen mich lächeln! Sie wissen nichts.

Jaja, sagen Sie, das sei immer der Vorwurf dann, das sei immer die Ausrede.

Aber ich bin doch gegangen. Immer. Und immer rechtzeitig. Ich habe nie ihr Weinen gehört und nicht ihr Schreien und trotzdem habe ich es nun in meinen Ohren.

Sie stand an der Treppe, grün um die Nase, erschreckte Augen, wich zurück, als sie mich sah. Zu früh, meine Rückkehr. Ein einziges Mal zu früh. Ich weiß nicht, was mich dazu gebracht hat, ein Wunsch, ein Gedanke, eine Ahnung, ein Glaube. Violetta, mein Täubchen. Hyazintha, meine Blume.

Und ich konnte sehen, sie war in einem Alter ... sie war so jung ... voller Lachen hätte sie doch sein müssen, voller Strahlen ... nein, eine Geschichte, lassen Sie sich das gesagt sein, ist nicht zu Ende, nur weil manchmal ein Vorhang fällt. Es gibt Geschichten, die sind durch Jahrhunderte nicht zu Ende gegangen.

Sie sah mich. Sie wich zurück. Sie begann zu reden. Fremde Sprache. Ganz fremde Sprache. Nie gehört. Sie hob die Arme, kam auf mich zu, ich weiß nicht, was sie in meinem Gesicht gesehen hat. Helfen Sie! Frau! Ich bitte! Und noch einmal. Helfen! Frau! Bitte! Brüchig ihre Stimme, brüchig ihre Augen, dünne Fingerchen, im falschen Land geboren und verkauft.

Ich stand und staunte. Zu früh zurückgekommen. Ich wandte mich ab, ging in mein Zimmer. Helfen! Bitte! Sie kam hinterher. Bitte! Was hätten Sie getan? Was?

Blätter rascheln im Wind. Leichter Sommerregen. Grüne Hügel in der Ferne. Halme. Ähren. Streifen mein Gesicht. Ich werde das Haus verlieren. Alles.

Grün vor dem Fenster. Grüner Sommerregen. Georg kommt.

Gut, dass du da bist, Marianne, sagte er. Ich bin am Verhungern. Zärtlich fasste seine Hand in mein Haar. Lass uns in die Küche gehen. Schmor mir einen Braten zurecht.

Nein, sagte ich.

Es ist genug, sagte ich.

Es muss aufhören, sagte ich.

Er wandte sich um. Überraschung in seinen Augen, in seinem Gesicht. Ach, sagte er, du hast sie also gesehen. Ist sie nicht zauberhaft, meine Hyazintha? Sie wird noch eine Weile bleiben.

Nein, sage ich, nein.

Verlieren werde ich, alles, das Haus, die Küche, ihn, den Regen … nicht.

Es ging so langsam, ganz langsam, die Veränderung in seinem Gesicht, aber dann war es da, dies Harte, das ich nie zuvor gesehen hatte.

Was nimmst du dir heraus! Und fasste fester in mein Haar. Hab ich dich gefragt? Und zerrte mich in die Küche, hieß mich kochen. Nun gut, das hab ich getan. Das kann ich. Kochte um mein Leben. Und um Hyazinthas. Deckte den Tisch mit weißem Damast, Silberbesteck, Kerzen, Grün aus dem Garten, servierte sein Lieblingsgericht.

Er war streng, bemängelte die Füllung des Bratens, sie sei salzig geraten und der Wein sei gebrochen, was ich mir erlaubte, was ich mir wiederum herausnähme! Und er spuckte ihn mir vor die Füße. Und warf die Karaffe hinterher. Sie zersprang, glitzernd im Licht der Kerzen. Ich versuchte zu flüchten, jagte durch die Küche. Die Kerzen flogen mir hinterher, erloschen, ich dankte dem Himmel für die Dunkelheit, plante in Sekundenschnelle meinen Fluchtweg, dankte dem Himmel erneut, dass ich das Haus so gut kannte, jede Ecke, jede Unebenheit.

Aber er fand den Lichtschalter, Strom jagte durch die Drähte, das Licht flammte auf, verbindlich und sicher, 21. Jahrhundert.

Ich stand wie gelähmt, Furcht geiferte durch meine Adern.

Er stand neben dem Tisch und machte eine galante Verbeugung. Setz dich, Marianne, sagte er, setz dich, meine Schöne, iss, trink.

Ich zögerte.

Er wurde ungeduldig. Winkte mich heran. Ich wusste, es gab keinen Ausweg, ich setzte mich, aß, trank.

Auch ich fand die Füllung zu salzig, war wohl zittrig gewesen, ein Klappergeist, trotzdem würgte ich sie hinunter. Er saß mir gegenüber, schaute mich an, schaute mir beim Essen zu, lächelte, griff das Glas, setzte es an meinen Mund, kippte es hoch, ich schluckte, schluckte, verschluckte mich, musste husten und spucken, der Wein spritzte, rann über mein Kinn, rann den Hals hinunter, hinein in meinen Ausschnitt, es fühlte sich klebrig an, kalt, meine Kehle hingegen brannte wie Feuer.

Spöttisch zog er die Augenbrauen hoch. Was bist du für ein Ferkel, Marianne!

Missbilligend schüttelte er den Kopf, was für ein Ferkel! Dass ich das nie bemerkt habe!

Seine Hand legte sich um meinen Hals und drückte zu, ich rang nach Luft, er lächelte, seine Hand rutschte in meinen Ausschnitt, die andere wischte den Teller fort, er krachte auf die Fliesen und zersprang, den Braten würde der Hund bekommen, was für eine Verschwendung, die Kartoffeln würden im Müll landen, ich würde mein Haus verlieren, die Knöpfe meiner Bluse spritzten beiseite, mich würgte und brannte es in der Kehle, was für eine Verschwendung, ich hatte Grund mich zu fürchten, was für eine Verschwendung, aus irgendeinem Grund fürchtete ich mich nicht mehr.

Hyazintha war fort.

Spätnachts, nach der Sache in der Küche, hatte ich mich in das Zimmer geschlichen, sie schlief, der Mond warf Schimmer über sie, sie war ein Kind, es stach mir im Herzen.

Ich rüttelte sie wach, sie fuhr hoch, zitternd, aber als sie mich erkannte, beruhigte sie sich.

Ich gab ihr den Schlüssel zur Stadtwohnung, ich schrieb die Adresse auf einen Zettel, ich gab ihr Geld, ich rief ein Taxi.

Mein Haus?

Später schaute ich ihr hinterher, als sie hastig die Straße hinunterging bis zur Kurve, wo das Taxi wartete. Eine Tasche hatte sie bei sich, leichtes Gepäck. Kurz vor der Biegung blieb sie stehen, drehte sich um, ihr Haar leuchtete durch die Dunkelheit.

Ach Hyazintha!

In meinem Zimmer lag eine Karte. Worte in einer Sprache, die ich nicht verstand.

Ich ging zurück in die Küche, der Saustall musste aufgeräumt werden, das Schlachtfeld beseitigt, alle Milch war verschüttet.

Es ist vorbei.

Ich bin müde. Ich lege mich nieder. Ich muss nachdenken. Die Ähren, die Halme streichen durch mein Gesicht. Sehen Sie mich liegen? Auf der Wiese? Im Feld? Über mir schlägt der Lavendel zusammen. Ich werde klein. Eine dünne Rispe Blauviolett.

Ach Marianne, sagt Georg, ach Marianne!

Keine Bohne zu wenig, keine Bohne zu viel, der Kaffee ist süffig und stark und der Speck wird kross sein und die Butter weißbräunlich auf dem Toast und die Eier in bester Verfassung.

Ach Marianne, sagt er.

Ein Weinen ist in seiner Stimme, ein Seufzen, ein Kümmern, den Braten hat tatsächlich der Hund gefressen, gierig ist er darüber hergefallen, die Geschirrsplitter haben ihm den Darm zerfetzt, der Tierarzt wird kommen müssen, du hast einfach zu viel Salz erwischt, einfach zu viel, setz dich zur Ruh, meine Marianne, meine Schöne, bist alt, schau in den Spiegel, was hält dich zusammen, setz dich doch einfach zur Ruh.

Er streicht mir das Haar aus der Stirn, ich stehe still, seine Hände sind … ich schließe die Augen … seine Hände sind … ein tröstlicher Gedanke, eine sanfte Wohltat. Ich spüre, dass ich breche. Ich höre das Knacken. Es ist unser Krieg gewesen. Ich habe ihn verloren.

Mein Haus? Wird eine andere bestellen. Vielleicht wird sie Violetta heißen, ja, das wünsche ich mir, und vielleicht haben ihre Augen die Farbe ihres Namens, ja, das wünsche ich mir, und vielleicht starrt sie mir in heimlichen Augenblicken sehnsüchtig in mein Herz, ja, und vielleicht ist ihr Blut warm und ihr Fleisch ein freundlicher Ort des Verweilens, ja, das wünsche ich mir. Und werde klein. Eine dünne Rispe Blauviolett.

Schweigen Sie nun?

Warum schweigen Sie nun?

Hören Sie die Bläschen? Hören Sie ihnen zu? Wie sie aufsteigen? Leise rauschend. Blut. Gedärm. Eine Sintflut von Tod. Warum schweigen Sie nun?

Sie stand auf um ihrem Gefährten das Frühstück zu bereiten. Sie brühte Kaffee, keine Bohne zu wenig, keine zuviel. Sie holte Butter aus dem Kühlschrank, briet den Speck zu jener zarten Kruste, die er liebte, strich das Brot, schlug die Eier in die Pfanne. Dann holte sie ein kleines Fläschchen aus dem Schrank und schüttete seinen Inhalt in die Kaffeetasse.

Während der Gefährte starb mit bitterem Schleim vor dem Mund und den Qualen inneren Zerreißens, lag sie in der Badewanne mit geschlossenen Augen und schnupperte dem Schaum entgegen, der sich auf ihren Brüsten ausgebreitet hatte.

Es knisperte um sie herum vom Zerplatzen tausender Bläschen, ein winziger Lufthauch bauschte die Gardinen, die Kurtisanen aller Jahrhunderte sangen eine Arie des Vergessens. Doch bald würden sie schweigen, bald, wenn der dumpfe Laut des Fallens in ihre Ohren klickte. Kurz noch ein Träumen vielleicht, von der seidigen Luft, vom lauen Sommer, vom Grünlichen der Donau, dann … nichts mehr.

Sie liegt in der Badewanne, schnuppert dem Schaum entgegen. Es knispert um sie herum vom Zerplatzen tausender Bläschen, ein winziger Lufthauch bauscht die Gardinen, die Kurtisanen aller Jahrhunderte singen die Arie des Vergessens. Sie wird sich zurechtfinden, in ihre Ritzen gleiten, in ihre Poren, immer mehr ein bisschen verschwinden, nur am Rande eines Sommers ein leises Sehnen, ein leises Ahnen von dem, was hätte sein können, von dem, was nicht war.

Bald werden jene kommen. Die Polizisten. Die Spurensicherer. Die Totengräber.

Bald.

Sie wartet.

Es ist spät. Das Summen. Die Fliegen. Die Bläschen. Schreie in den Ohren, die sie nie gehört hat.

Und wartet.

Während sie sich verwandelt.

Langsam.

In eine Spinne mit pelzigem Gebein, lauernd auf den Augenblick, der der richtige sein wird.

Aus. Geh.

Ernst Schmid

Familienangelegenheit

Gruber brachte den Wagen zum Stehen und zeigte auf einen Weg, der auf der anderen Straßenseite einen Hang hinaufführte.

„Dort drüben haben die beiden Mädchen auf den Schulbus gewartet."

„Wohin führt der Weg?"

„Zum Haus, in dem Maria mit ihren Eltern wohnt. Das Gebäude liegt hinter den Haselnusssträuchern verborgen."

Ich stieg aus und blickte mich um. Der Platz war wie geschaffen für eine Entführung. Während die Straße zuvor nur an einer Seite von Bäumen gesäumt war, führte sie an dieser Stelle mitten durch einen dichten Wald. Das letzte Gebäude, das wir von G. kommend passiert hatten, lag gut einen Kilometer entfernt. Ich zeigte in die andere Richtung.

„Wie weit ist es eigentlich bis zum nächsten Anwesen?"

Gruber machte eine vage Handbewegung. „Ich würde sagen etwa eineinhalb Kilometer. Dort wohnt übrigens Sabrina. Das zweite Mädchen, das verschwunden ist."

Als mir mein Chef heute Morgen den Auftrag gegeben hatte, nach Vichtenstein zu fahren, um den Kollegen vor Ort bei der Suche nach zwei Mädchen, die nicht in der Schule erschienen waren, unter die Arme zu greifen, war ich felsenfest davon überzeugt gewesen, dass ich den Weg umsonst machte. Man kennt ja die Gören heutzutage. Haben keine Lust in die Schule zu gehen und lassen sich irgendwo die Sonne auf den Bauch scheinen. Aber allmählich kamen mir erste Zweifel. Zum einen waren die beiden Mädchen gerade einmal acht

Jahre alt. Außerdem hatte mir Gruber versichert, dass es sich um absolut verlässliche Kinder handelte, denen nie in den Sinn gekommen wäre, unerlaubt dem Unterricht fernzubleiben. Und dann noch dieser Platz. Ideal, um ungesehen zwei kleine Mädchen in ein Auto zu zerren und sich mit ihnen aus dem Staub zu machen.

„Wann haben sich die beiden hier getroffen?"

„Sie haben sich nicht getroffen. Sabrina hat bei ihrer Freundin übernachtet. Laut Marias Vater haben sie um sieben das Haus verlassen."

„Wann kommt der Bus?"

„Kurz vor halb acht."

„Halb acht", rief ich erstaunt aus. „Gibt es irgendeinen einleuchtenden Grund, warum die beiden eine halbe Stunde zur Bushaltestelle gegangen sind?"

Der Kollege vom Polizeiposten Münzkirchen zuckte mit den Schultern.

„Keine Ahnung! Das musst du den Vater fragen."

„Das werde ich auch. Welche Maßnahmen habt ihr eigentlich nach dem Einlangen der Vermisstenanzeige getroffen?"

„Alle verfügbaren Einsatzkräfte sind auf den Straßen rund um G. unterwegs, um nach den Mädchen Ausschau zu halten. Außerdem werden alle leerstehenden Gebäude durchsucht und die hier Ansässigen befragt, ob sie die beiden gesehen haben."

Ich nickte Gruber zu und ließ meinen Blick noch einmal über den Wald und die Straße schweifen.

„Du weißt, dass ich gewisse Vorbehalte habe, ob es sich hier wirklich um ein Verbrechen handelt. Seit dem Verschwinden der Mädchen sind noch nicht einmal vier Stunden vergangen. Eigentlich ist es viel zu früh, um eine großangelegte Suchaktion in die Wege zu leiten." Ich hielt inne und schaute ihn ernst an.

„Sollte es sich jedoch tatsächlich um eine Entführung handeln, dann kann ich mir nicht vorstellen, dass der oder die Täter zufällig genau hier auf die Mädchen gestoßen sind."

„Willst du damit andeuten, dass die Entführung möglicherweise geplant war?"

„Hundertprozentig! Die Täter haben genau gewusst, wo sie zuschlagen müssen, ohne dass sie Gefahr laufen, entdeckt zu werden. Das bedeutet allerdings auch, dass diese mehrmals hier in der Gegend gewesen sein müssen, um diesen Ort auszuspionieren. Ehrlich gestanden, kann ich mir nicht vorstellen, dass dies unbemerkt geblieben ist. Ein Fremder fällt hier doch sofort auf. Deshalb würde ich vorschlagen, dass ihr von Haus zu Haus geht und fragt, ob jemandem in der letzten Zeit etwas Verdächtiges aufgefallen ist. Vielleicht haben wir Glück und bringen etwas Zweckdienliches in Erfahrung, das uns weiterhelfen kann. Ich unterhalte mich in der Zwischenzeit mit den Eltern des einen Mädchens. Sobald ich fertig bin, melde ich mich bei dir, damit du mich hier wieder abholst."

Gruber sprang in den Wagen und raste davon. Ich überquerte die Straße und erklomm den Weg, der zum Haus hinaufführte. Auf halber Höhe legte ich eine Pause ein, weil ich völlig außer Atem war. Wieder einmal nahm ich mir vor, weniger zu rauchen, wusste aber genau, dass dieser Vorsatz vergessen war, sobald ich in meinem Büro saß und mich nicht mehr bewegen musste. Obwohl es noch nicht einmal Mittag war, war es bereits so brütend warm, dass ich schweißgebadet war, als ich den Anstieg bewältigt hatte. Ein Mann stand vor der Tür und starrte misstrauisch in meine Richtung. Ich schätzte ihn Mitte dreißig. Er hatte stark gerötete Augen und eine unnatürlich blasse Gesichtsfarbe. Ich ging zu ihm und stellte mich vor. Als ich ihm die Hand reichte, wich er meinem Blick aus und nestelte nervös an seinem Hemdkragen herum. Die meisten Leute sind aufgeregt, wenn sie es einmal mit der Polizei zu tun bekommen, aber Marias Vater wirkte derart verunsichert, dass es auffällig war. Offensichtlich hatte ihn das Verschwinden seiner Tochter vollkommen aus der Bahn geworfen. Obwohl ich ihm nahebrachte, dass ich mich gerne mit ihm in Ruhe unterhalten würde, rührte er sich nicht vom Fleck und machte keine Anstalten, mich ins Haus zu lassen. Deshalb ergriff ich die Initiative und forderte ihn auf, mich eintreten zu lassen. Auf dem Weg zum Wohnzimmer kamen wir an der Küche vorbei. Im Waschbecken türmte sich das schmutzige Geschirr. Außerdem standen etliche leere Bier- und Weinflaschen auf dem Esstisch. Als er meinen Blick bemerkte, schloss er schnell die Tür und richtete zum ersten Mal das Wort an mich.

„Gestern waren ein paar Freunde zu Besuch."

Ich schaute ihn stumm an, worauf er rasch hinzufügte: „Das Länderspiel. Fußball. Ich bin noch nicht dazugekommen, Ordnung zu machen."

„Und Ihre Frau?", erkundigte ich mich. „Ist sie daheim? Oder in der Arbeit?"

Er machte eine vage Handbewegung. „Sie ist nicht da, sondern in Graz. Ihr Vater hatte am Freitag einen Herzinfarkt. Daraufhin ist sie sofort zu ihren Eltern gefahren."

„Weiß sie schon, was passiert ist?"

Er schüttelte den Kopf.

„Ich habe sie noch nicht erreicht. Höchstwahrscheinlich ist sie im Krankenhaus und hat das Handy ausgeschaltet."

„Wenn Sie wollen, veranlasse ich, dass einer meiner Grazer Kollegen ins Krankenhaus fährt, um Ihre Frau von dem Vorfall in Kenntnis zu setzen."

„Das wäre mir nicht recht", fiel er mir ins Wort. Ich schaute ihn verwundert an.

„Entschuldigen Sie! Ich wollte Sie nicht anschreien, aber Sie können sich sicher vorstellen, wie ich mich fühle. Und meine Frau hat augenblicklich genug Sorgen, da will ich sie nicht auch noch mit dieser Sache belasten. Vielleicht stellt sich ja alles nur als Missverständnis heraus."

„Gibt es irgendwelche Hinweise, die Anlass zu dieser Vermutung geben?"

Als er nichts erwiderte, präzisierte ich meine Frage.

„Damit meine ich, ob Ihre Tochter irgendwelche Andeutungen gemacht hat, dass sie nicht in die Schule gehen will. Oder haben Sie in letzter Zeit eine Veränderung im Verhalten Ihrer Tochter festgestellt, die mit ihrem Verschwinden in Zusammenhang gebracht werden könnte?"

Er schüttelte abermals den Kopf.

„Maria ist zwar etwas lebhaft, aber so etwas würde sie nie tun. Außerdem hat Sabrina am Wochenende bei uns geschlafen, damit meine Tochter die Abwesenheit meiner Frau leichter verwindet. Sabrina ist ein sehr vernünftiges Mädchen und würde sich nie zu einer Dummheit hinreißen lassen."

„Das will ich damit auch nicht andeuten. Aber falls es sich wirklich um eine Entführung handelt, gehen wir davon aus, dass Ihre Tochter nicht zufällig das Opfer geworden ist, sondern dass die Tat geplant war und sie gezielt ausgewählt wurde. Unter Umständen ist ihr in der letzten Zeit etwas aufgefallen. Denken Sie einmal nach, ob sie irgendetwas erzählt hat! Jede Kleinigkeit kann von Bedeutung sein."

Er legte die Stirn in Falten und zuckte mit den Achseln.

Plötzlich kam mir eine Idee.

„Hat Ihre Tochter ein Tagebuch?"

„Nicht dass ich wüsste. Was hat das mit ihrem Verschwinden zu tun?"

„Oft vertrauen Mädchen ihrem Tagebuch Dinge an, die sie sonst niemandem erzählen. Unter Umständen finden sich darin Hinweise, die uns weiterhelfen könnten. Wenn Sie nichts dagegen haben, würde ich mich gerne ein wenig in Marias Zimmer umschauen."

Wieder hatte ich den Eindruck, dass er meiner Bitte nur sehr widerwillig nachkam. Er führte mich in den ersten Stock und wies auf eine Tür. Ich öffnete sie und trat ein. Auf den ersten Blick handelte es sich um ein typisches Mädchenzimmer. Rosa Bettwäsche mit Blümchen, dutzende Plüschtiere auf den Regalen und am Boden, ein paar Fotos von jenen Popstars an den Wänden, von denen Mädchen in diesem Alter schwärmen. Insgesamt machte der Raum einen gemütlichen, aber sehr unordentlichen Eindruck. Das Bett war nicht gemacht. Eine aufgebrochene Packung Kartoffelchips lag darauf, ein Teil des Inhalts war über die Tuchent verstreut. Die Pyjamas waren achtlos auf den Boden geschmissen worden. Auf dem Schreibtisch herrschte ein wüstes Durcheinander. Irgendwie hatte man das Gefühl, dass die Mädchen überstürzt aufgebrochen waren, was mich stutzig machte, weil sie doch sehr zeitig außer Haus gegangen waren.

„Haben Sie eine Ahnung, warum die Kinder schon eine halbe Stunde vor dem Eintreffen des Schulbusses zur Straße hinuntergegangen sind?", erkundigte ich mich.

Wieder zuckte er nur mit den Schultern.

„Ich wollte die beiden gerade zum Frühstück holen, da sind sie fertig angezogen in den Flur gekommen und haben sich von mir verabschiedet."

„Ohne Frühstück? Ist das nicht etwas ungewöhnlich?"

Zum ersten Mal, seit ich hier war, lächelte der Mann.

„Überhaupt nicht! Sie wissen ja wie Mädchen in diesem Alter sind. Plötzlich achten sie auf ihren Körper und bilden sich ein, dass sie zu dick sind. Da kann es schon vorkommen, dass sie einmal nichts zu sich nehmen."

Ich trat zum Schreibtisch und wies mit der Hand darauf.

„Sie haben doch nichts dagegen?"

Ich hatte keine Befugnis, eigenmächtig die Sachen eines Opfers zu durchsuchen, und war auf das Einverständnis der Angehörigen angewiesen.

„Ich weiß zwar nicht, was das bringen soll, aber tun Sie ruhig, was Sie für nötig halten."

Ich begutachtete die Bücher und Zeitschriften, die auf dem Schreibtisch lagen, fand jedoch nichts, was mir weitergeholfen hätte. Als Nächstes nahm ich mir die Schubladen vor und überprüfte alles. Ohne Erfolg! Erst in der letzten Lade entdeckte ich eine Zeichnung, die sofort meine Aufmerksamkeit erregte. Ich nahm sie heraus und zeigte sie Marias Vater.

„Hat das Ihre Tochter gezeichnet?"

„Vermutlich."

Man musste kein Psychologe sein, um zu erraten, was die Abbildungen auf der Zeichnung bedeuteten. Ein großer Mann stand vor zwei kleinen Mädchen. Er war ganz in Schwarz gekleidet. Besonders auffällig waren die riesigen Hände, mit denen der Mann nach den beiden anderen Figuren griff, und der weit geöffnete Mund, aus dem eine blutrote Zunge heraushing. Bei genauerer Betrachtung erkannte ich, dass eine der beiden weiblichen Figuren größer war und älter wirkte. Vielleicht handelte es sich dabei um Mutter und Kind. Ich warf dem Mann einen fragenden Blick zu. Zwar gab es überhaupt keine Hinweise, dass sich Herr Windtner etwas zu Schulden hatte kommen lassen, aber Tatsache war, dass über neunzig Prozent der Gewalttaten innerhalb der eigenen Familie verübt wurden. Dieses Faktum durfte man nicht außer Acht lassen.

„Können Sie sich erklären, warum Ihre Tochter so etwas gemalt hat?"

Er schüttelte den Kopf. „Ich habe keine Ahnung. Wir sind eine glückliche Familie und haben ein sehr gutes Verhältnis zueinander. Vielleicht hat Maria auf dem Bild etwas festgehalten, was sie irgendwo anders gesehen hat."

Ich ließ es bei dieser Antwort bewenden. Wie schon gesagt, gab es keine Anhaltspunkte, dass der Vater etwas mit dem Verschwinden der Mädchen zu tun hatte. Allerdings nahm ich mir vor, auf diesen Punkt zurückzukommen, sollte die Suche nach dem Mädchen im Sand verlaufen.

„Gut möglich", erwiderte ich. „Ich bin fürs Erste hier fertig. Ich würde Sie ersuchen, zu unserer Verfügung zu stehen, falls wir Ihre Hilfe benötigen. Am besten wäre, wenn Sie es so einrichten könnten, dass Sie hier im Haus bleiben. Nur für den Fall, dass sich alles ins Gute wendet und die beiden Mädchen plötzlich hier auftauchen. Vielleicht können Sie das mit Ihrem Arbeitgeber regeln."

„Das ist bereits erledigt", wandte er schnell ein. „Mein Chef hat mir sofort freigegeben, als er gehört hat, was geschehen ist."

„Außerdem würde ich an Ihrer Stelle Ihre Frau informieren. Sie hat ein Recht darauf, zu erfahren, was passiert ist. Wie schon gesagt, kann ich Ihnen behilflich sein, Ihre Frau ausfindig zu machen."

„Das ist nett von Ihnen, aber ich bin sicher, dass ich Sie demnächst erreichen werde."

Als ich mich von ihm an der Haustür verabschiedete, zeigte der Mann zum ersten Mal Emotionen. Er hielt mich kurz am Arm zurück und schaute mir in die Augen.

„Sie bringen mir doch mein Mädchen unversehrt zurück?" Ich nickte ihm zu. „Seien Sie versichert, meine Kollegen und ich werden unser Bestes geben."

Während ich zur Bezirksstraße zurückging, rief ich Gruber an, damit er mich abholte. Neben dem Fahrbahnrand war eine Mülltonne abgestellt. Höchstwahrscheinlich ist es eine Berufskrankheit, dass man als Polizist in alles seine Nase hineinstecken will. Jedenfalls konnte ich der Versuchung nicht widerstehen, einen Blick in die Tonne zu werfen. Ich drehte mich um und sah, dass mir Marias Vater gefolgt war. Da ich ihm nicht das Gefühl geben wollte, dass ich ihn kontrollierte, nieste ich vernehmlich und holte ein Papiertaschentuch heraus, um mich zu schnäuzen. Danach knüllte ich das Tuch zusammen und öffnete den Deckel des Mülleimers, um es hineinzuschmeißen. Ich hatte nur wenige Sekunden Zeit, um den Inhalt der Tonne zu erfassen. Auf den ersten Blick befand sich nichts Auffälliges darin, abgesehen einmal von den leeren Wein- und Schnapsflaschen. Dies bestätigte nur meinen ersten Eindruck, dass Marias Vater kein Kostverächter war. Allerdings hatte das nichts mit dem Fall zu tun und war seine Privatsache. Kaum hatte ich jedoch den Deckel wieder zugemacht, beschlich mich das Gefühl, dass ich etwas übersehen hatte. Ich schloss die Augen und versuchte, mich zu erinnern, worum es sich gehandelt hatte, aber so sehr ich mich anstrengte, ich kam nicht darauf. Am liebsten hätte ich noch einmal Nachschau gehalten, doch Marias Vater stand noch immer auf dem Weg und beobachtete jede meiner Bewegungen. Natürlich hätte ich die Tonne ein weiteres Mal einer Kontrolle unterziehen können, verlief diese jedoch ohne Ergebnis, wäre ich in Erklärungsnotstand geraten und hätte dem Mann damit Gelegenheit gegeben, sich über mein Vorgehen bei meinen Vorgesetzten zu beschweren. Außerdem konnte ich darauf verzichten, mit einer Taktlosigkeit gegenüber den Opfern eines Verbrechens in die Medien zu gelangen. Ich nickte Marias Vater zu und bewegte mich ein paar Schritte von der

Tonne weg, um nicht in Versuchung zu geraten. Höchstwahrscheinlich hatten mir meine angespannten Sinne ohnehin nur einen Streich gespielt.

Wenige Minuten später hielt Gruber neben mir und ließ mich einsteigen.

Ich erkundigte mich, ob die Befragungen irgendein greifbares Ergebnis gebracht hatten. Er schüttelte den Kopf.

„Von den Personen, die wir bis jetzt befragt haben, ist niemandem irgendetwas Verdächtiges aufgefallen. Die einzigen Fremden, die in letzter Zeit hier beobachtet worden sind, waren drei Angestellte eines Energieversorgungsunternehmens. Sie haben Wartungsarbeiten an mehreren Hochspannungsmasten durchgeführt.“

„Trotzdem überprüfen, ob es damit seine Richtigkeit hat“, riet ich ihm. „Wir können uns in einer Situation wie dieser keine Fehler erlauben. Ich würde jetzt gerne mit der Lehrerin der Mädchen sprechen.“

Gruber nickte und setzte den Wagen Richtung Vichtenstein in Bewegung, wo sich die Schule der Mädchen befand.

Von meiner Schwester, die selbst Volksschullehrerin ist, weiß ich, dass vor allem kleinere Kinder ihren Lehrpersonen oft Dinge anvertrauen, die im Normalfall nie aus dem Kreis der Familie nach außen dringen. Vielleicht hatten ja auch die beiden Mädchen ihrer Lehrerin etwas erzählt, was für unsere Ermittlungen von Bedeutung war. Als wir durch G. fuhren, wandte ich mich wieder meinem Kollegen zu.

„Was wisst ihr übrigens von Marias Familie?“

Gruber riss überrascht die Augenbrauen in die Höhe und stieß einen leisen Pfiff aus.

„Glaubst du, dass Marias Vater etwas mit dieser Sache zu tun hat?“ Ich wusste, dass ich mit meinen Äußerungen vorsichtig sein musste, und machte schnell eine abwehrende Handbewegung.

„Keineswegs! Aber wir dürfen nichts ausschließen und müssen in alle Richtungen ermitteln, solange wir nichts Konkretes in der Hand haben."

Gruber nickte zwar verständig, aber ich sah ihm an, dass er mir nicht abnahm, was ich gerade gesagt hatte.

„Also, was ist über die Familie bekannt?"

„Eigentlich nicht viel. Sie sind vor drei Jahren aus Graz hierhergezogen. Der Vater ist Techniker und arbeitet bei einer Computerfirma in Passau. Dem Wagen nach zu schließen, dürfte er nicht schlecht verdienen. Die Mutter ist angeblich Innenarchitektin. Natürlich hat sie hier bei uns keinen Job gefunden. Sie hat hinter dem Haus eine kleine Töpferwerkstatt eingerichtet und verdient durch den Verkauf der Keramiken ein wenig dazu.

Maria geht in die dritte Klasse und ist ein sehr lebhaftes Mädchen. Man sieht die Eltern nur selten im Ort. Ohne das Kind, hätten sie wohl kaum Kontakt mit anderen in der Gemeinde. Die Mutter gibt sich zumindest Mühe, ein wenig am öffentlichen Leben teilzuhaben, den Vater bekommt man hingegen kaum zu Gesicht. Ich würde sagen, er ist eher etwas verschroben und nicht sehr leutselig. Ein richtiger Tüftler eben."

„Von wegen nicht viel wissen! Bei euch ist das Schlagwort vom gläsernen Menschen offensichtlich längst Wirklichkeit geworden. Weißt du eigentlich über jeden in deinem Rayon so gut Bescheid?"

Gruber machte eine abwehrende Handbewegung.

„Gott behüte!", lachte er. „Das wäre doch ein wenig zu viel des Guten. Aber wenn du es genau wissen willst: Ich wohne hier und gehe einfach mit offenen Augen durchs Leben." Plötzlich verdüsterten sich seine Gesichtszüge. „Sabrina ist übrigens die Tochter meiner Schwester", fügte er betrübt hinzu.

„Sabrina ist deine Nichte!", rief ich überrascht aus. „Tut mir wirklich leid, was passiert ist. Vielleicht stellt sich das alles ja als Irrtum heraus."

Kurz überlegte ich, ob ich ihn wegen Befangenheit von den Ermittlungen abziehen sollte, aber ich entschied mich dagegen. In Fällen wie diesem brauchte man Beamte, die bis ans Äußerste ihrer Leistungsfähigkeit gingen, und Gruber, dessen war ich mir sicher, würde sich in dieser Angelegenheit den Arsch aufreißen und nicht ruhen, bis wir herausgefunden hatten, was seiner Nichte zugestoßen war.

„Worum ich dich jetzt bitte, unterliegt absoluter Diskretion und darf auf keinen Fall nach draußen dringen."

Ich schaute ihn ernst an und sprach erst weiter, nachdem er mir mit einem Kopfnicken zu verstehen gegeben hatte, dass er die Dringlichkeit meiner Worte erfasst hatte.

„Du weißt ja, wie die Leute sind. Allzuschnell ziehen sie die falschen Schlüsse und schon ist das Schlamassel perfekt. Ich möchte nämlich, dass du mir Informationen über Marias Familie beschaffst. Wo arbeitet der Vater, wie lautet der Mädchenname der Mutter, wie heißen die Großeltern und wo wohnen sie? Und so weiter. In der Gemeinde gibt es sicher ein Einwohnerverzeichnis, in dem auch solche Dinge vermerkt sind. Allerdings ist es sehr heikel an solche Informationen heranzukommen, wenn es sich nicht um eine offizielle Untersuchung handelt, weil diese Angaben dem Datenschutz unterliegen. Siehst du trotzdem eine Möglichkeit, dir Zugang dazu zu verschaffen?"

„Ich glaube schon. Allerdings kann ich nicht versprechen, dass das nicht an die Öffentlichkeit dringt. Ich kenne meine Mitbürger, sie sind um keinen Deut weniger sensationslüstern als die Menschen anderswo."

„Einen Versuch ist es allemal wert. Vielleicht kannst du das in die Wege leiten, während ich mit der Lehrerin spreche." Inzwischen hatten wir den Ortsrand von Vichtenstein erreicht. Da der kleine Parkplatz vor der Schule voller Autos war, hielt Gruber mitten auf der Straße und ließ mich aussteigen. Mindestens zwei Dutzend Frauen warteten vor der Schule und diskutierten heftig miteinander. Als sie mich bemerkten, verstummten sie und starrten mich erwartungsvoll an. Ich wandte mich an einen Mann in einem grauen Arbeitsmantel, der sich, wie ich vermutet hatte, als Schulwart herausstellte, und ließ mich von ihm zur Direktion bringen.

„Wir stehen alle unter Schock", rief die Schulleiterin, eine Frau Mitte fünzig, aus, nachdem ich mich vorgestellt hatte. „Ich arbeite hier seit fast vierzig Jahren, aber ich kann mich nicht entsinnen, dass jemals etwas Ähnliches in unserem Ort passiert wäre. Gibt es schon irgendwelche Hinweise, wo die Mädchen sein könnten?"

Ich schüttelte den Kopf.

„Leider nein. Das ist auch der Grund meines Kommens. Ich würde mich gerne mit der Lehrerin der beiden Mädchen unterhalten. Vielleicht haben sie ihr etwas erzählt, das uns weiterhelfen könnte."

Die Frau warf einen Blick auf ihre Armbanduhr.

„In fünf Minuten läutet es, dann hat die Klasse der Mädchen Unterrichtsschluss. Mir wäre es recht, wenn Sie bis dahin warten könnten. Ich habe nämlich nach Bekanntwerden dieses unglückseligen Vorfalles die Eltern informiert und ersucht, ihre Kinder heute von der Schule abzuholen. Die Lehrerin, Fräulein Aschauer, und ich würden gerne kontrollieren, ob dies auch geschieht."

„Das war sehr vorausschauend von Ihnen", lobte ich sie. Mir entging nicht, dass sie meine Worte erröten ließen.

„Aber das war doch das Mindeste, was ich tun konnte. Wie gesagt, dieser Vorfall hat uns alle schockiert. Wissen Sie, wir nehmen hier unsere Aufgabe sehr ernst. Das Wohlergehen unserer Kinder ist uns wirklich ein großes Anliegen. Leider ist das nicht überall so."

Ich nickte betroffen. Da ich jedoch keine Lust hatte, einen pädagogischen Vortrag über mich ergehen zu lassen, lenkte ich schnell ab und wies auf das geöffnete Fenster. „Darf ich?"

„Selbstverständlich. Von hier hat man einen wunderbaren Ausblick."

Das war nicht übertrieben. Etwas unterhalb der Schule ragte eine mächtige Burg in die Höhe. Hinter ihr wand sich die Donau wie ein blaues Band durch die Landschaft. Sie hatte sich im Laufe der Zeit tief in den Granit gefressen und floss träge Richtung Osten. Die andere Uferseite des mächtigen Stromes war von Wald und steilen Felsen gesäumt. Darüber lag das Mühlviertel wie auf einem Präsentierteller.

„Wo befindet sich eigentlich die Grenze zu Deutschland?", erkundigte ich mich.

Die Direktorin trat neben mich und wies auf eine kleine Ortschaft gegenüber.

„Der kleine Ort dort drüben ist Untergriesbach. Das liegt bereits in Deutschland. Und dort", sie bewegte den Finger leicht nach rechts, „können sie ein paar Häuser von Oberkappel erkennen. Der Rest ist von der Burg verdeckt. Genau neben Oberkappel verläuft die Grenze. Wenn Sie links neben der Burg geradeaus weiterschauen, sehen Sie eine Erhebung. Das ist der Hochficht. Er liegt genau am Dreiländereck, wo Deutschland, Tschechien und Oberösterreich zusammenstoßen."

„So nah ist das", sagte ich beklommen. Mir war gerade ein furchtbarer Gedanke gekommen. Angenommen die Mädchen waren tatsächlich entführt worden, war es von hier aus eine Leichtigkeit, sie binnen kürzester Zeit im Ausland verschwinden zu lassen. Da es keine Grenzkontrollen mehr gab, war ein Grenzübertritt auch mit einer heiklen Fracht überhaupt kein Problem mehr.

„Wie gelangt man am schnellsten auf die andere Seite?", fragte ich aufgeregt.

Sie musterte mich irritiert, dann zeigte sie auf einen kleinen Ort am anderen Ufer.

„Dort unten gibt es die Autofähre nach Obernzell. In Engelhartszell gibt es eine Radfähre und dann natürlich die Donaubrücke in Wesenufer. Glauben Sie etwa ..." Weiter kam sie nicht, weil in diesem Moment die Glocke zu schrillen begann.

Sie machte eine entschuldigende Geste und verließ den Raum. Ich war froh, dass sie nicht mehr dazugekommen war, die Frage zu Ende zu stellen.

Denn was hätte ich ihr antworten sollen? Dass alles verloren war, wenn die Entführer die Mädchen ins Ausland gebracht hatten. Zwar gab es seit geraumer Zeit wesentliche Erleichterungen bei grenzüberschreitenden Ermittlungen, trotzdem musste der Amtsweg eingehalten werden, was in diesem Fall bedeutete, dass ein Ersuchen nach Amtshilfe erst nach 24 Stunden Sinn machte. Das war jene Frist, ab der bei einer Vermisstenanzeige von Minderjährigen Amtshandlungen eingeleitet wurden.

Ich holte mein Handy aus der Tasche und bat Gruber, einen Wagen zur Fährstation zu schicken, um herauszufinden, ob dort jemandem heute Morgen etwas Verdächtiges aufgefallen war. Kaum hatte ich das Gespräch beendet, klopfte es leise an der Tür. Ich öffnete sie. Vor mir stand eine junge Frau und stellte sich als die Lehrerin der beiden verschwundenen Mädchen vor.

„Von solch einer hübschen Lehrerin wäre ich auch gerne unterrichtet worden", lag mir schon auf den Lippen, aber der betrübte Blick der jungen Frau ließ mich davon Abstand nehmen und erinnerte mich an den Ernst der Lage. Man sah ihr an, dass ihr nicht zum Spaßen zumute war. Ich reichte ihr die Hand und bat sie herein. Ehe ich eine Frage stellen konnte, begann sie zu reden.

„Das ist der furchtbarste Tag in meinem Leben! Obwohl das hier in dieser Gegend nicht wirklich ein Thema ist, trainieren wir mit den Kindern immer wieder, wie sie reagieren sollen, wenn sie von einem Fremden angesprochen werden. Das letzte Mal erst vor wenigen Wochen anlässlich dieser Vorfälle in der Nähe von Linz, wo ein Mann Volksschulkinder in sein Auto locken wollte. Ich war felsenfest davon überzeugt, dass unsere Schüler wissen, wie sie sich in einer solchen Situation verhalten sollen. Noch dazu Sabrina! Sie ist das vernünftigste Mädchen in der Klasse. Keine Ahnung, wie gerade ihr das passieren kann. Haben Sie wenigstens schon eine Spur, wo die Mädchen sein könnten?"

Ich schüttelte den Kopf.

„Wir tappen vollkommen im Dunkeln. Das ist auch der Grund, warum ich mit Ihnen sprechen wollte. Vielleicht haben Ihnen die Mädchen irgendetwas erzählt, was uns weiterhelfen könnte. Jede Kleinigkeit kann von Bedeutung sein."

„Glauben Sie mir, seit ich erfahren habe, was passiert ist, zermartere ich mir den Kopf, ob die Mädchen irgendeine Andeutung gemacht haben, dass etwas anders ist als sonst. Ich habe auch ihre Mitschüler befragt, ob ihnen etwas aufgefallen ist.

Vergeblich! Niemand hat irgendetwas Außergewöhnliches beobachtet."

„Und ihr Verhalten? Haben sich die beiden in letzter Zeit anders verhalten als sonst? Waren sie verschlossener oder besonders aufgedreht?", ließ ich nicht locker.

Sie legte die Stirn in Falten und dachte nach. Schließlich schüttelte sie den Kopf.

„Nein, sie waren wie immer. Genauso wie Mädchen in ihrem Alter eben sind."

Ich schloss für einen kurzen Moment die Augen. Es war zum Verzweifeln. Wie sollten wir weiter verfahren, wenn wir nicht einmal den kleinsten Hinweis hatten?

„Glauben Sie, dass es noch Hoffnung gibt?"

Ihre Worte rissen mich aus meinen düsteren Gedanken.

„Natürlich", beeilte ich mich zu sagen. „Wir stehen erst am Beginn unserer Ermittlungen. Immerhin sind die beiden erst seit knapp vier Stunden verschwunden." Und man hat sie sicher nicht entführt, um sich ihrer schon nach so kurzer Zeit wieder zu entledigen, dachte ich mir, aber ich hütete mich, diese Worte auszusprechen.

„Ich würde noch gerne die Schulsachen der Mädchen sehen. Ist das möglich?"

„Selbstverständlich! Allerdings haben die Kinder die meisten Hefte und Bücher zuhause."

Sie führte mich in die Klasse und zeigte auf zwei Fächer. Das eine war ordentlich aufgeräumt, im anderen herrschte ein wüstes Durcheinander, ähnlich wie auf dem Schreibtisch in Marias Zimmer. Sie musste mir nicht sagen, wem welches Fach gehörte, das lag auf der Hand. Als Erstes knöpfte ich mir Marias Sachen vor. Ich räumte sie der Reihe nach heraus und begutachtete sie, fand aber nichts von Bedeutung. Ganz unten lag eine Zeichenmappe. Ich öffnete sie und blätterte die Zeichnungen durch. Beim vierten Bild hielt ich inne. Darauf war, wie auf der Zeichnung, die ich in Marias Schreibtisch entdeckt hatte, ein großer Mann abgebildet, der vor zwei kleinen Mädchen stand, und mit seinen riesigen Händen nach ihnen langte. Ich zog das Blatt heraus und zeigte es der Lehrerin. Sie nickte.

„Ich weiß, was sie sagen wollen. Natürlich ist mir das Bild aufgefallen und hat mir zu denken gegeben. Ich habe es sogar der Frau Direktor gezeigt und ihren Rat eingeholt. Wir sind übereingekommen, dass ich Maria in der nächsten Zeit genauer beobachte, um herauszufinden, ob irgendwelche Anzeichen erkennbar sind, die Anlass zur Sorge geben könnten.

Ich habe Maria während des Umziehens zum Turnunterricht unauffällig gemustert, ob ihr Körper Verletzungen oder blaue Flecken aufweist, ich habe versucht, bei ihren Aufsätzen zwischen den Zeilen zu lesen, um herauszufinden, ob sie etwas belastet, habe immer wieder das Gespräch mit ihr gesucht. Und was soll ich sagen? Mir ist nichts, rein gar nichts aufgefallen, was auf eine Misshandlung oder ein sexuelles Vergehen hätte schließen lassen."

„Haben Sie auch das Gespräch mit den Eltern gesucht?"

Sie schüttelte den Kopf.

„Nicht richtig! Wissen Sie, man muss in solchen Fällen, speziell hier auf dem Land, sehr vorsichtig sein. Ein falsches Wort und das Vertrauen der Eltern ist für immer dahin."

„Und Maria hat sich, auch in der Zeit, als diese Zeichnung entstanden ist, ganz normal verhalten?"

Fräulein Aschauer zuckte mit den Schultern.

„Normal. Was heißt schon normal? Maria ist sehr lebhaft und hat eine überschäumende Fantasie. Aber kein Ausdauervermögen. Sie steigert sich in einer Sekunde in eine Sache hinein und hat diese zwei Sekunden später schon wieder vergessen. Diese Stimmungsschwankungen waren damals sehr intensiv. Einmal war sie himmelhochjauchzend und dann wieder zu Tode betrübt. Letztlich sind wir übereingekommen, dass es sich dabei um einen vorpubertären Schub handelt. Etwas früh in diesem Alter, aber durchaus nicht ungewöhnlich."

Ich hatte keine Fragen mehr und bedankte mich bei der Lehrerin für das Gespräch. Nachdenklich verließ ich das

Schulgebäude. Es war wie verhext. Normalerweise blieb in Orten wie diesem nichts verborgen. Aber gerade wenn es einmal darauf ankam, hatte niemand etwas gesehen. Mittlerweile war es kurz nach zwölf. Seit dem Verschwinden der Mädchen waren knapp fünf Stunden vergangen. Sollte es sich tatsächlich um eine Entführung handeln, waren der oder die Täter längst über alle Berge und die Chancen, sie auszuforschen, gleich null, wenn uns nicht der Zufall in die Hände spielte. Ich hatte keine Ahnung, wie wir weiter vorgehen sollten. Eigentlich hatten wir alles getan, was in einem Fall wie diesem zu tun war.

Wir hatten die Anrainer befragt, ob ihnen etwas aufgefallen war, die Straßen nach den Mädchen abgesucht und alle leerstehenden Gebäude überprüft. Eine Fahndung nach einem Wagen war sinnlos, weil wir nicht wussten, wonach wir Ausschau halten sollten. Letztlich blieb mir nur noch die Aufgabe, hundertprozentig auszuschließen, dass das Verschwinden der Mädchen nicht andere Ursachen hatte. Der Vater kam mir in den Sinn. Meine Intuition sagte mir, dass etwas mit ihm nicht stimmte. Allerdings musste das nichts mit dieser Sache zu tun haben. Ich nahm mir vor, ihn noch einmal zu befragen. Vorher wollte ich mich jedoch mit Sabrinas Mutter unterhalten. Vielleicht war ihr ja etwas aufgefallen, was uns weiterhelfen konnte. Ich stieg in den Wagen und bat Gruber, zu seiner Schwester zu fahren.

„Und? Hast du etwas Neues erfahren?", erkundigte er sich, während er den Wagen wendete. Ich schüttelte den Kopf.

„Fehlanzeige! Niemandem scheint etwas aufgefallen zu sein. Und bei dir?"

„Die Befragung des Fährkapitäns hat ebenfalls nichts erbracht. Bis auf die üblichen Pendler und ein paar Radtouristen hat sich niemand übersetzen lassen."

„Und beim Gemeindeamt?"

„Mein Bekannter war gerade essen, aber er hat mir versprochen, uns ausnahmsweise die gewünschten Daten zu übermitteln, sobald er wieder in seinem Büro ist. Allerdings wollte er wissen, warum wir nicht Windtner selbst um Auskunft bitten."

Ich konnte mir ein Grinsen nicht verkneifen. Mochten die Menschen in dieser Gegend gelegentlich auch den Eindruck erwecken, dass sie nicht bis drei zählen konnten, eine gewisse Bauernschläue war ihnen auf keinen Fall abzusprechen.

„Was hast du geantwortet?"

„Dass Marias Vater wegen dieser Sache so durcheinander ist, dass nichts Rechtes aus ihm herauszubringen ist."

„Das hast du gut gemacht."

„Außerdem habe ich ihn ersucht, Diskretion zu wahren und nichts von unserer Anfrage weiterzuerzählen."

Ich warf Gruber einen skeptischen Blick zu. Höchstwahrscheinlich würde diese Aufforderung das genaue Gegenteil bewirken und sich in Windeseile das Gerücht verbreiten, dass wir Marias Vater verdächtigten, etwas mit dem Verschwinden der Mädchen zu tun zu haben. Aber ich behielt diesen Gedanken für mich.

Gruber war nichts vorzuwerfen, letztlich hatte er es nur gut gemeint.

„Hältst du es eigentlich für möglich, dass Windtner gestern Abend Besuch aus dem Ort hatte?"

„Kann ich mir nicht vorstellen?", erwiderte Gruber. „Warum fragst du?"

„Weil Windtner behauptet hat, dass er gemeinsam mit Freunden das Länderspiel im Fernsehen angeschaut hat."

„Aus dem Ort war das sicher niemand. Vielleicht waren ja Arbeitskollegen zu Besuch."

„Möglich. Auf alle Fälle sollten wir das überprüfen, wenn wir wissen, wo er arbeitet."

Ich schaute aus dem Seitenfenster und ließ den Blick über die vorbeiziehende Landschaft gleiten. Dabei kam mir ein Gedanke.

„Habt ihr eigentlich schon in Betracht gezogen, die Wälder nach den Mädchen zu durchsuchen?"

Gruber schnaubte vernehmlich aus.

„Weißt du, was das bedeutet?" Er wies mit der Hand auf ein Waldstück unmittelbar vor uns. „Dort siehst du den Haugstein und den Godererkogel. Das sind die beiden höchsten Erhebungen im Sauwald. Ich habe keine Ahnung, wie groß das Waldstück ist, ich weiß nur, dass rund um diese beiden Hügel der Sauwald seine größte zusammenhängende Ausdehnung hat. Um dieses Gebiet zu durchsuchen, brauchen wir ein paar hundert Mann."

„Angenommen, unsere Untersuchungen zeitigen bis heute Abend keine Ergebnisse - und ehrlich gestanden, sieht es augenblicklich ganz danach aus -, wärt ihr dann in der Lage, eine Helferschaft in dieser Größenordnung auf die Beine zu stellen, damit wir morgen den Wald durchforsten können?"

„Wenn wir die Freiwilligen Feuerwehren der Umgebung dafür gewinnen können, wäre das denkbar. Allerdings schwöre ich dir, dass hier dann der Teufel los ist."

Mittlerweile hatten wir das Waldstück erreicht, in dem die beiden Mädchen verschwunden waren. Erneut kam mir der Gedanke, dass diese Stelle wie geschaffen für eine Entführung war. Nach fünf Minuten Fahrt zweigte Gruber auf einen Güterweg ab, der zu einem Bauernhof führte. Vor dem Hauptgebäude brachte er den Wagen zum Stehen und drückte einmal auf die Hupe.

Eine Frau in meinem Alter erschien in der Tür und stürzte auf uns zu.

„Habt ihr Sabrina gefunden?", schrie sie. Als Gruber den Kopf schüttelte, schlug sie die Hände vors Gesicht und brach in Tränen aus.

„Sie ist doch noch ein so kleines Mädchen", jammerte sie. „Bitte, Klaus, bring sie mir gesund wieder!" Gruber nahm sie in die Arme und drückte sie an sich.

„Ich verspreche dir, dass wir nicht ruhen, bis wir sie gefunden haben."

Nach einer Weile löste er sich aus ihrer Umklammerung und stellte mich vor.

Sie schaute mich verzweifelt an und reichte mir die Hand. Diese war so kalt, dass mir ein eisiger Schauer den Rücken hinab lief. Schnell versicherte ich ihr, dass wir alles unternehmen würden, um die beiden Mädchen wohlbehalten zurückzubringen, und bat sie, mir ein paar Fragen zu beantworten. Sie nickte abwesend und führte uns zu einem Tisch unter einer schattigen Linde auf der Rückseite des Bauernhofes.

„Ich mache mir solche Vorwürfe", gestand sie wieder unter Tränen, ehe ich überhaupt dazu kam, ihr eine Frage zu stellen.

„Warum machen Sie sich Vorwürfe?", wollte ich wissen. „Sie können doch nichts dafür."

„Und ob! Hätte ich Sabrina nicht gezwungen, bei Maria zu übernachten, wäre das alles nicht passiert."

„Wieso gezwungen?", mischte sich ihr Bruder ein.

„Weil Sabrina nicht bei Maria schlafen wollte. Da habe ich ihr ins Gewissen geredet. Du hast ihr das versprochen, habe ich sie erinnert, jetzt kannst du sie nicht im Stich lassen."

„Ich dachte, die beiden Mädchen sind Freundinnen?", hakte ich nach.

„Das stimmt schon. Sie sind ein Herz und eine Seele."

„Und warum wollte sie dann nicht bei ihr übernachten?"

„Wegen ihres Vaters. Sie hatte Angst vor ihm."

„Wieso das?"

„Er schaut immer so böse, hat sie gesagt, und starrt mich immer so eigenartig an."

Gruber warf mir einen fragenden Blick zu. Ich nickte.

„Wenn ich mich recht erinnere, hast du mir schon öfter erzählt, dass Sabrina bei Maria übernachtet hat? Warum war das gestern ein Problem?"

„Weil Gudrun nicht da war. Sonst hat sie sich immer um die Mädchen gekümmert?"

„Hat eigentlich Frau Windtner Sie gefragt, ob Ihre Tochter während ihrer Abwesenheit bei Maria übernachten kann?"

Grubers Schwester schüttelte den Kopf.

„Rainer hat am Samstag angerufen und mir erzählt, dass Gudrun zu ihren Eltern nach Graz fahren musste, weil es ihrem Vater nicht gut geht. Dann hat er sich erkundigt, ob nicht Sabrina Maria ein wenig Gesellschaft leisten kann. Er hat mir versprochen, sich um die beiden zu kümmern und am Montag in die Schule zu bringen. Natürlich habe ich zugesagt. Hätte ich nur auf Sabrina gehört!"

Sie stieß einen tiefen Seufzer aus. Plötzlich verhärteten sich ihre Gesichtszüge.

„Warum wollt ihr das so genau wissen? Hat Rainer etwa etwas mit dem Verschwinden der Mädchen zu tun?"

„Das sind nur Routinefragen", beeilte ich mich zu sagen. Zu mehr kam ich nicht, weil in diesem Augenblick Grubers Handy läutete. Er warf einen Blick auf das Display, dann wandte er sich an seine Schwester.

„Brigitte, wir haben den ganzen Tag noch nichts gegessen. Wärst du so nett und richtest uns eine kleine Jause her?"

Unwillig erhob sie sich und verschwand im Haus.

„Mein Bekannter von der Gemeinde", informierte er mich und nahm das Gespräch entgegen. Er machte sich ein paar Notizen und bedankte sich für die Hilfe. Ehe er das Telefonat beendete, beschwor er seinen Gesprächspartner noch einmal, nichts von dieser Sache nach außen dringen zu lassen.

„Windtner arbeitet bei einer Firma in Passau namens IT-Solutions. Der Mädchenname seiner Frau lautet Hirb. Was machen wir jetzt?"

„Du besorgst dir die Telefonnummer von dieser Computerfirma und erkundigst dich dort nach Windtner. Ich versuche, mit Frau Windtners Eltern in Kontakt zu treten. Hirb ist ein eher ausgefallener Name. Gut möglich, dass ich über das Telefonverzeichnis an sie herankomme."

Gruber erhob sich und nahm auf einer Bank etwas abseits Platz, während ich mich mit der Zentrale in Linz verbinden ließ. Drei Minuten später hatte ich die Information, die ich wollte. Im Grazer Telefonbuch gab es nur einen Anschluss unter dem Namen Hirb. Ich wählte die Nummer und wartete. Eigentlich ging ich nicht davon aus, jemanden zu erreichen. Umso erstaunter war ich, als sich eine Männerstimme meldete.

„Spreche ich mit Walter Hirb, dem Vater von Gudrun Windtner?", vergewisserte ich mich sicherheitshalber.

„Das tun Sie", gab er zur Antwort. Die Verunsicherung in seiner Stimme war nicht zu überhören. „Und mit wem habe ich das Vergnügen?"

Für jemanden, der vor wenigen Tagen einen Herzinfarkt erlitten hatte, klang der Mann erstaunlich agil. Ich stellte mich vor. Als ich meinen Beruf erwähnte, fiel mir der Mann aufgeregt ins Wort.

„Warum rufen Sie an? Ist etwas mit Gudrun passiert?"

Mir war sofort klar, was seine Fragen bedeuteten.

Gudrun Windter hielt sich nicht bei ihren Eltern auf.

„Ich hatte gehofft, mit Ihrer Tochter sprechen zu können. Sie ist also nicht bei Ihnen."

„Nein! Warum sollte sie? Maria muss doch zur Schule gehen. Warum wollen Sie das wissen?"

Ich zögerte eine Antwort hinaus, weil ich erst einmal das Gehörte verdauen musste. Es gab nur zwei Möglichkeiten. Entweder hatte uns Rainer Windtner angelogen oder seine Frau hatte ihm nicht die Wahrheit gesagt und den Besuch bei ihren Eltern nur vorgetäuscht. Aber wieso? Irgendetwas war hier faul. So faul, dass es zum Himmel stank. Hirbs verzweifelte Stimme riss mich aus meinen Gedanken.

„Nun sagen Sie schon, was los ist? Sie müssen doch einen triftigen Grund haben, wenn Sie solche Fragen stellen."

„Maria ist seit heute Morgen spurlos verschwunden, und wir können Ihre Tochter nicht erreichen. Sie weiß noch gar nicht, was passiert ist."

„Ich glaube, ich verstehe nicht recht. Was heißt, Maria ist verschwunden? Und wo ist Gudrun?"

„Sie ist mit einer Freundin einkaufen gefahren", log ich. „Sie haben doch sicher ihre Handynummer, damit wir sie von dem Vorfall in Kenntnis setzen können?"

Kaum hatte ich die Worte ausgesprochen, wurde mir bewusst, wie unglaubwürdig dieses Ansinnen klingen musste. Warum sollten wir die Eltern um die Telefonnummer bitten, wenn der Ehemann direkt vor Ort war. Aber der Mann war viel zu aufgeregt, als dass er diese Ungereimtheit erfasst hätte.

„Was ist mit meiner Enkeltochter?", schrie er in den Hörer. „Sagen Sie mir sofort, was passiert ist!"

Da es keinen Grund gab, ihm die Wahrheit zu verschweigen, berichtete ich ihm, dass seine Enkeltochter und ein zweites Mädchen am Morgen nicht in der Schule erschienen waren. Die Suche nach ihnen sei bisher ohne Erfolg geblieben. Zwar gäbe es keine Hinweise auf ein Verbrechen, aber man müsse trotzdem auf das Schlimmste gefasst sein. Nachdem ich geendet hatte, schwieg Hirb eine Weile. Ich bildete mir ein, ein Schluchzen im Hintergrund zu vernehmen. Schließlich meldete sich der Mann wieder.

„Meine Frau und ich kommen sofort nach G."

„Das halte ich für keine gute Idee", versuchte ich, ihn von seinem Vorhaben abzubringen. „Vielleicht sind die Mädchen auf dem Weg nach Graz. Es kommt immer wieder vor, dass sich Kinder spontan auf den Weg zu ihren Großeltern machen, um sie zu überraschen. In diesem Fall wäre es von Vorteil, wenn jemand die Kinder in Empfang nehmen könnte."

Ich spürte sein Zögern und beeilte mich zu versichern, dass wir alles Menschenmögliche tun würden, um die Mädchen zu finden, und wir ihn über alle Ermittlungsergebnisse auf dem Laufenden halten würden. Nach kurzem Zögern willigte er ein, nichts Unüberlegtes zu unternehmen und in Graz auszuharren. Ich bat ihn noch einmal um die Handynummer seiner Tochter und beendete das Gespräch, nachdem ich sie notiert hatte.

„Das hätten Sie einfacher haben können", meinte Grubers Schwester, als sie die Jause auf den Tisch stellte. „Ich habe Gudruns Nummer in meinem Handy gespeichert. Ist sie nicht mehr bei ihren Eltern?"

„Da wird doch nicht jemand gelauscht haben", erwiderte ich scherzhaft und warf ihr einen tadelnden Blick zu, worauf sie leicht errötete.

„Bei der Lautstärke war das nicht zu überhören. Außerdem geht es auch um mein Kind." Sie schaute mich auffordernd an. In diesem Moment stieß Gruber einen grellen Pfiff aus und eilte zu uns.

„Du wirst nicht glauben, was ich eben in Erfahrung gebracht habe. Windtner ist vor drei Monaten entlassen worden."

„Aber das gibt es doch nicht!", rief seine Schwester ungläubig aus. „Er ist doch jeden Morgen zur Arbeit gefahren."

„Woher wissen Sie das?"

„Weil er meinen Mann mehrmals in der Früh nach Passau mitgenommen hat."

Sie wandte sich an ihren Bruder. „Klaus, was hat das zu bedeuten? Ich begreife das alles nicht."

Sie schlug die Hände vors Gesicht und begann herzzerreißend zu schluchzen. Gruber nahm sie in die Arme und wiegte sie wie ein kleines Kind hin und her.

Ehrlich gestanden, konnte auch ich nicht verstehen, was das zu bedeuten hatte. Warum hatte uns Windtner angelogen? Er musste doch damit rechnen, dass irgendwann die Wahrheit ans Licht kommen würde. Ich wandte mich ab und starrte auf die Wiese vor mir. Auf einer Leine bewegte sich die frisch gewaschene Wäsche sanft im Wind. Mein Blick blieb auf einem strahlend weißen Geschirrtuch hängen. Irgendetwas kam mir daran bekannt vor. Ich schloss die Augen und versuchte, mich zu erinnern. Der Vormittag lief wie im Zeitraffer an mir vorbei. Windtner tauchte auf, die Flaschen in der Küche, Marias seltsame Zeichnung, die Mülltonne. Plötzlich fiel es mir wie Schuppen von den Augen, was mich irritiert hatte, nachdem ich den Deckel der Tonne wieder verschlossen hatte. Mitten unter den Flaschen und dem Hausmüll war ein Geschirrtuch gelegen. Aber im Gegensatz zu dem Tuch, das vor mir im Wind flatterte, war es rostbraun gewesen. Wie von Blut getränkt. Ich sprang wie von der Tarantel gestochen auf. „Ist heute die Müllabfuhr bei euch unterwegs?"

Gruber und seine Schwester schauten mich entgeistert an.

„Ob die Mülltonnen geleert werden, will ich wissen?",
wiederholte ich aufgeregt.

Beide nickten gleichzeitig.

„Dann nichts wie los!", schrie ich. „Wir müssen verhin-
dern, dass Windtners Müll entleert wird." Ich rannte zum
Auto. Gruber folgte mir. Er startete den Wagen und trat so
fest auf das Gaspedal, dass der Motor gequält aufheulte. Wenige Minuten später tauchten wir in das Waldstück ein, in
dem die Mädchen verschwunden waren. Das Müllauto stand
gegenüber der Zufahrt, die zu Windtners Haus führte. Zwei
Männer schleppten gerade eine Mülltonne über die Straße.

„Mach etwas!", brüllte ich Gruber an. „Wenn sie die
Tonne ausleeren, war alles umsonst." Er schaltete das Blau-
licht ein und drückte mit voller Kraft auf die Hupe. Die
Männer hielten inne und starrten uns erschrocken entgegen. Gruber raste auf sie zu und brachte den Wagen mit
einer Vollbremsung knapp vor ihnen zum Stehen. Ich riss
die Tür auf und sprang nach draußen.

„Ist die Tonne noch voll?", rief ich ihnen aufgeregt zu.
Sie nickten.

„Das ist gut. Dann leeren sie den Inhalt vorsichtig auf
den Boden." Als sie nicht reagierten, wiederholte ich meine
Worte.

„Aber wir räumen den Mist nicht wieder weg", entgegnete einer der Männer.

„Das brauchen Sie auch nicht. Sie können anschließend
in den Wagen steigen und weiter Ihrer Arbeit nachgehen."

Sie warfen sich einen Blick zu, der deutlich ausdrückte,
was sie von dieser Anweisung hielten. Dann hoben sie die
Tonne hoch und kippten den Inhalt neben den Straßengra-
ben. Ich wartete, bis der Müllwagen außer Sichtweite war,
und stülpte mir Einweghandschuhe über, um den Müll zu
durchsuchen. Gruber war neben mich getreten und schau-

te neugierig über meine Schulter. Ich hatte mich nicht getäuscht. Unter den Flaschen und leeren Pizzakartons ragte ein Zipfel des Geschirrtuchs hervor. Ich zog es heraus und hielt es triumphierend in die Höhe.

„Und? Was sagst du jetzt?"

Gruber taumelte entsetzt zurück. Plötzlich verengten sich seine Augen zu schmalen Schlitzen.

„Das wird dieses Schwein büßen", presste er hervor.

Er stieß mich zur Seite und rannte über die Straße. Noch bevor er den Zufahrtsweg erreichte, bekam ich ihn zu fassen und riss ihn zu Boden.

„Das hat doch keinen Sinn", versuchte ich, ihn zur Räson zu bringen. „Wenn du dich nicht auf der Stelle zusammennimmst, bist du draußen."

„Aber er hat Sabrina getötet!"

„Das wissen wir noch nicht. Eines weiß ich aber genau. Wenn du ihn jetzt einschüchterst, sagt er unter Umständen kein Wort mehr und die Chance, die Mädchen lebend zu finden, schwindet gleich null."

„Und was schlägst du vor?"

„Wir konfrontieren ihn mit den Fakten. Mal sehen, wie er darauf reagiert."

Windtner stand mit einer Schaufel im Garten und glättete damit einen Erdhaufen. Das ist ein Grab, schoss mir durch den Kopf. Grubers Blick verriet, dass er das Gleiche dachte. Als Windtner uns sah, legte er die Schaufel auf den Boden und kam langsam näher. In diesem Moment ertönte der Klingelton eines Handys.

„Wollen Sie nicht abheben?", erkundigte ich mich, als er keine Anstalten machte, den Anruf entgegenzunehmen. „Vielleicht ist ja Ihre Frau am Apparat." Er wich meinem Blick aus und drehte sich leicht zur Seite. Da bemerkte ich, dass er sein Handy in einem Halfter an seinem Gürtel trug.

Mir kam ein furchtbarer Gedanke. Nachdem das Läuten verstummt war, holte ich mein Handy aus der Tasche und tippte die Nummer seiner Frau ein. Wenige Sekunden später erklang im Haus der Klingelton, der bereits vorher zu hören gewesen war. Unmerklich machte ich zwei Schritte auf den Mann zu.

„Herr Windtner", sagte ich ganz ruhig, „warum haben Sie uns eigentlich angelogen?"

Er schaute mich unsicher an. „Wie kommen Sie darauf?"

„Nun, zum Beispiel in Bezug auf Ihre Frau! Sie ist gar nicht bei Ihren Eltern. Und ich bin mir sicher, dass es sich bei dem Handy, dessen Läuten wir gerade gehört haben, um das Telefon Ihrer Frau handelt."

Er hob abwehrend die Hände. „Es ist nicht so, wie sie glauben."

„Dann sagen Sie mir, wie es ist."

Als er nicht reagierte, mischte sich Gruber ein. „Außerdem haben wir von Ihrem Arbeitgeber erfahren, dass Sie vor drei Monaten entlassen worden sind. Warum haben Sie uns das verschwiegen? Auch das spricht nicht unbedingt für Sie."

Windtner warf meinem Kollegen einen wütenden Blick zu. „Was wissen Sie denn? Sie sind doch auch einer von diesen…" Anstelle einer Bezeichnung machte er eine abfällige Handbewegung. „Die zerreißen sich doch nur das Maul, wenn sie erfahren, dass man keine Arbeit mehr hat oder die Frau sich von einem trennen will. Ich habe das nur gemacht, um Maria die Schande zu ersparen, dass die Leute mit dem Finger auf sie zeigen. Eines sage ich Ihnen: Wenn man hier auf Verständnis und Hilfe hofft, kann man sich gleich erschießen. Das allein ist der Grund, warum ich nicht die Wahrheit gesagt habe."

„Und deshalb haben Sie die Mädchen und Ihre Frau…",
setzte ich an, aber er fiel mir ins Wort.

„Sie glauben doch nicht wirklich, dass ich ihnen etwas
angetan habe? Zu so etwas wäre ich niemals in der Lage."

„Und was sagen Sie dazu?" Ich streckte den Arm aus
und hielt ihm das blutbefleckte Geschirrtuch entgegen, das
ich die ganze Zeit über hinter dem Rücken verborgen hatte.

Er stieß einen Seufzer aus und senkte den Blick. „Unser Hund", sagte er so leise, dass ich ihn kaum verstehen
konnte.

„Was ist mit Ihrem Hund?"

„Er hat sich gestern verletzt. Mit dem Tuch habe ich das
Blut weggewischt."

„Höchstwahrscheinlich wollen Sie uns jetzt auch noch
weismachen, dass das Tier gestorben ist und Sie es dort hinten im Garten vergraben haben", höhnte Gruber.

Windtner nickte betroffen.

„Für wie dumm halten Sie uns eigentlich? Ist das die
vierte Lüge, die Sie uns heute auftischen wollen? Aber das
lässt sich ja leicht herausfinden!"

Mein Kollege schob Marias Vater zur Seite und stapfte
auf den Erdhaufen zu. Als er die Schaufel hochhob, stieß
Windtner einen verzweifelten Schrei aus. Er stürzte sich
auf Gruber und riss ihn zu Boden. Mit einem Satz war ich
bei ihnen. Ich zerrte Windtner in die Höhe und legte ihm
Handschellen an.

„So machen Sie alles nur noch schlimmer. Ich nehme
Sie vorläufig in Gewahrsam. Sie haben das Recht, die Aussage zu verweigern, alles, was Sie jetzt von sich geben, kann
gegen Sie verwendet werden. Außerdem dürfen Sie einen
Anwalt Ihres Vertrauens zu Rate ziehen."

Windtner starrte mich geistesabwesend an. Ich war mir
nicht sicher, ob er mich überhaupt verstanden hatte, des-

halb wiederholte ich meine Worte. Er schüttelte den Kopf. „Ich habe nichts getan."

„Das wird sich weisen", sagte ich, aber ich hatte nicht das Gefühl, dass er erfasste, was ich sagte. Er schüttelte nur in einem fort den Kopf und murmelte vor sich hin, dass er unschuldig sei. Gruber hatte sich inzwischen den Staub von der Uniform geklopft und war neben mich getreten.

„Wir brauchen die Leute von der kriminaltechnischen Abteilung. Sie müssen das ganze Anwesen auf Spuren untersuchen. Kannst du das veranlassen?"

Er nickte und holte sein Handy aus der Tasche. Am liebsten hätte ich ihn mit Windtner auf den Polizeiposten geschickt und ungestört vor Ort die Spurensicherung koordiniert. Aber angesichts der Gemütsverfassung, in der sich Gruber befand, war ich mir nicht sicher, ob der Verdächtige wohlbehalten in Münzkirchen anlangen würde. Das konnte ich nicht verantworten. Deshalb entschied ich, auf das Eintreffen der Kollegen zu warten und dann mit den beiden zurück auf das Revier zu fahren, um dort Windtner in die Mangel zu nehmen.

Es verging fast eine Stunde, bis die Männer der KTU bei uns auftauchten. Ich erläuterte ihnen, worauf sie bei ihrer Suche achten sollten. Sie hatten auch einen Leichenspürhund angefordert, das würde ihre Arbeit erleichtern.

Während der Fahrt nach Münzkirchen erhielt Gruber mehrere Anrufe, unter anderem von seiner Schwester, dem Bürgermeister von G. und Marias Lehrerin. Da die Freisprechanlage aktiviert war, konnte ich den Inhalt der Gespräche mitverfolgen. Alle wollten wissen, ob es den Tatsachen entspreche, dass Windtner für das Verschwinden der Mädchen verantwortlich sei. Trotz meiner Bemühungen, die Richtung der Ermittlungen geheim zu halten, hatte sich unser Vorgehen wie ein Lauffeuer herumgesprochen. Zwar verhielt sich Gruber tadellos und gab nichts davon preis, was wir bis jetzt herausgefunden hatten, sondern verwies darauf, dass er die laufenden Ermittlungen nicht kommentieren dürfe, aber mir schien, dass seine Worte eher die Vermutungen der Anrufer bestätigten, als dass sie diese zerstreuten.

Die Vernehmung Windtners auf dem Polizeiposten brachte nichts Neues zu Tage. Im Großen und Ganzen wiederholte er die Aussagen, die er bereits zuvor bruchstückhaft angedeutet hatte. Seine Frau habe sich eine Auszeit genommen, um über eine Trennung von ihm in Ruhe nachdenken zu können. Das Handy habe sie zuhause gelassen, um dabei von niemandem gestört zu werden. Das Blut auf dem Tuch stamme von ihrem Hund, der sich am Vortag schwer verletzt ins Haus geschleppt habe. Wo sich das Tier diese Verletzung zugezogen habe, entziehe sich seiner Kenntnis. Das Tier sei im Laufe des Abends verendet, worauf er den Leichnam am Morgen im Garten begraben habe. Seine Entlassung habe er verheimlicht, um nicht ins Gerede zu kommen. Man wisse ja, wie begierig die Leute im Dorf seien, sich über einen anderen das Maul zu zerreißen, wenn ein Unglück über ihn gekommen sei. Mit dem Verschwinden seiner Tochter und des Nachbarmädchens habe er nichts zu tun. Die beiden hätten wie jeden Morgen das Haus verlassen, um in die Schule zu fahren. Er habe keine Ahnung, wo sie abgeblieben seien.

Ich konnte nicht verhehlen, dass seine Antworten durchaus glaubhaft wirkten. Zu denken gab mir jedoch, dass ihn das Schicksal der Mädchen vollkommen kalt ließ. Immerhin ging es um seine Tochter. Als ich ihn darauf ansprach, begründete er seine Emotionslosigkeit damit, dass ihm das alles zu viel wäre und er nicht mehr wisse, wo ihm der Kopf stünde. Nach etwas mehr als einer Stunde gab ich meine Bemühungen auf und ließ Windtner in eine Zelle bringen. Aus dem Mann war nichts mehr herauszubringen.

Wir konnten nur hoffen, dass die Spurensuche konkrete Ergebnisse brachte, ansonsten waren wir gezwungen, Windtner wieder laufen zu lassen.

Gegen 18 Uhr rief der Leiter der kriminaltechnischen Abteilung an und ließ sich mit mir verbinden. Ehe ich abhob, stellte ich die Lautsprecherfunktion an, damit Gruber das Gespräch mit verfolgen konnte. Was ich zu hören bekam, war niederschmetternd, weil es im Großen und Ganzen bestätigte, was Windtner ausgesagt hatte. Im Garten war tatsächlich ein Hund vergraben worden. Die Blutspuren, die in der Küche und im Wohnzimmer sichergestellt worden waren, stammten eindeutig von einem Tier. Ebenso jene auf dem Geschirrtuch. Ob diese von dem Hund stammten, würde erst eine Analyse im Labor ergeben. Im Haus sei außerdem kein Hinweis auf einen Kampf oder eine Gewalttat gefunden worden.

Die Begehung der Gebäude und der näheren Umgebung mit dem Leichenspürhund sei ebenfalls negativ verlaufen. Ich bedankte mich für die gute Arbeit und legte den Hörer konsterniert auf die Gabel zurück. Wir standen mit unserem Ermittlungen wieder am Anfang und waren keinen Schritt weitergekommen. Letztlich hatten wir nur wertvolle Zeit verstreichen lassen.

„Wir müssen Windtner wieder aus der Haft entlassen", wandte ich mich an Gruber.

Dieser schüttelte ungläubig den Kopf. „Glaubst du wirklich, dass er nichts mit dem Verschwinden der Mädchen zu tun hat?"

Ich zuckte mit den Achseln. „Ehrlich gestanden, habe ich keine Ahnung. Ich weiß nur, dass die Beweislage zu dünn ist und kein Staatsanwalt der Welt Untersuchungshaft verhängen würde, nur weil ein verzweifelter Vater die Unwahrheit gesagt hat."

Grubers Gesicht drückte aus, dass er mit dieser Entscheidung nicht einverstanden war. Er bedachte mich mit einem verbitterten Blick.

„Und wie gedenkst du weiter vorzugehen? Sollen wir die Hände in den Schoß legen und warten, bis alles zu spät ist?"

„Natürlich nicht", beeilte ich mich zu sagen. „Wir geben die Fotos der beiden an die Medien weiter. Vielleicht hat jemand die Kinder gesehen."

„Und Windtner?"

„Den knöpfen wir uns noch einmal vor, bevor wir ihn gehen lassen. Unter Umständen hat ihn der Aufenthalt in der Zelle mürbe gemacht."

„Und wenn nicht?"

„Sollte sich bis morgen nichts Neues ergeben, durchkämmen wir den ganzen Wald. Du organisierst dafür alle freiwilligen Helfer, die du auftreiben kannst, und ich versuche zu erreichen, dass man uns eine Hundertschaft Polizeischüler für die Suche zur Verfügung stellt."

Wir ließen Windtner in den Vernehmungsraum bringen und nahmen ihn eine Stunde lang in die Mangel. Wieder ohne Erfolg! Er beharrte auf seiner Darstellung und ließ sich zu keinem Fehler verleiten. Nachdem das Protokoll verfasst und unterschrieben war, setzten wir ihn in den Wagen, um ihn nachhause zu fahren. Er kauerte wie ein Häufchen Elend auf der Rückbank und starrte geistesabwesend aus dem Seitenfenster. Nach einen halben Stunde erreichten wir das Waldstück, in dem Windtners Haus lag. Es war bereits stockdunkel. Gruber lenkte das Fahrzeug die Zufahrtsstraße hinauf und blieb vor dem Gebäude stehen. Die Außenbeleuchtung schaltete sich automatisch ein.

„Das gibt es doch nicht", murmelte er fassungslos. Windtner stieß einen Laut aus, der an ein waidwundes Tier erinnerte. Irgendjemand hatte die Außenwand mit roter

Farbe verunstaltet. Mit ungelenken Buchstaben war das Wort „Kinderschänder" auf die Mauer geschmiert worden.

„Wir werden herausfinden, wer das war, und die Verantwortlichen zur Rechenschaft ziehen", versicherte ich Marias Vater. Doch er schien mich nicht zu hören. Er seufzte einmal vernehmlich und stieg wortlos aus. Mit letzter Kraft schleppte er sich zum Haus und verschwand darin. Gruber wendete den Wagen und fuhr Richtung Vichtenstein, um mich auf dem Parkplatz vor dem Gemeindeamt abzusetzen, wo ich meinen Wagen abgestellt hatte.

„Genau aus diesem Grund habe ich dir klarzumachen versucht, wie wichtig absolute Diskretion ist. Eine Vorverurteilung wie das hier ist das Letzte, was wir brauchen können. Allmählich verstehe ich, warum Windtner nichts von seiner Pechsträhne nach außen dringen lassen wollte."

Gruber brummte nur etwas Unverständliches vor sich hin und enthielt sich jeden weiteren Kommentars. Auf dem Parkplatz vereinbarten wir, Punkt acht Uhr mit der Suchaktion zu starten. Dann stieg ich in meinen Wagen und fuhr nach Linz zurück.

Am nächsten Morgen machte ich mich kurz nach sechs auf den Weg nach Münzkirchen. Da die Bundesstraße entlang der Donau sehr kurvenreich und ein Überholen nur an wenig Stellen gefahrlos möglich war, beschloss ich die Innkreisautobahn zu nehmen. Ich fuhr gerade durch Schärding, als mein Handy läutete. Es war Gruber.

„Dreimal darfst du raten, wer eben aufgetaucht ist."

„Keine Ahnung."

„Gudrun Windtner."

„Sag das noch einmal!"

„Du hast schon richtig gehört. Marias Mutter ist vor wenigen Minuten in mein Büro gestürmt. Sie war in Wien. Zufällig hat sie unseren Fahndungsaufruf im Fernsehen gesehen und ist mit dem ersten Zug hierher zurückgefahren."

„Ich bin in einer Viertelstunde bei euch", rief ich erleichtert und trat auf das Gaspedal.

Ich hatte mir die halbe Nacht um die Ohren geschlagen, um die Ermittlungsergebnisse zu ordnen und einer Analyse zu unterziehen, und war zu dem Schluss gelangt, dass eigentlich nur Windtner als Täter in Frage kam. Warum sonst hätte er dieses Lügengebilde errichten sollen? Ehrlich gestanden hatte ich nicht damit gerechnet, seine Frau noch einmal lebend zu Gesicht zu bekommen, sondern war davon überzeugt gewesen, dass er sie und die beiden Mädchen auf dem Gewissen hatte. Doch die erste Erleichterung wich bald der Erkenntnis, dass das Auftauchen von Marias Mutter die Ausgangslage in diesem Fall nur unwesentlich veränderte. Die beiden Mädchen waren nach wie vor verschwunden und wir hatten keinen einzigen Hinweis, der Anlass zu ein wenig Hoffnung gegeben hätte. Trotzdem, Gudrun Windtner lebte. Vielleicht konnte sie ihren Mann bewegen, zu gestehen, was er mit den Kindern angestellt hatte.

Um halb acht erreichte ich Münzkirchen. Ich parkte den Wagen vor dem Polizeiposten und stürmte ins Gebäude. Gudrun Windtner saß auf dem Besucherstuhl in Grubers Büro. Man sah ihr an, dass sie kaum geschlafen hatte. Als Gruber mich vorstellte, sprang sie erwartungsvoll auf.

„Haben Sie Maria gefunden?"

Ich schüttelte bedauernd den Kopf, worauf sie resigniert auf den Sessel zurücksank.

Die Befragung gestaltete sich äußerst zäh. Im Großen und Ganzen bestätigte sie, was Windtner am Vorabend ausgesagt hatte. Ihr Mann sei seit drei Monaten arbeitslos. Ein Unglück wie dieses offenbare offensichtlich erst den tatsächlichen Charakter eines Menschen, denn seit seiner Entlassung sei er launisch und unerträglich. Deshalb sei sie nach

Wien gefahren, um einmal in Ruhe über ihre Beziehung nachdenken zu können. Das Handy habe sie zurückgelassen, um dabei nicht gestört zu werden.

Mir war klar, dass die nächste Frage äußerst heikel war, aber ich musste sie stellen, um herauszufinden, ob wir nicht irrten und in die falsche Richtung ermittelten.

„Frau Windtner, Sie dürfen mich jetzt nicht falsch verstehen, und ich will, dass Sie Ihre Antwort gut abwägen, aber können Sie sich vorstellen, dass Ihr Mann in der Lage wäre, Ihrer Tochter etwas anzutun?"

Sie schlug entsetzt die Hand vor den Mund.

„Hat Rainer etwa…?"

„Wir wissen es nicht", beeilte ich mich zu sagen. „Allerdings gibt es Hinweise, die diesen Verdacht – nennen wir es einmal so – nicht wirklich ausräumen."

Sie schloss für einen kurzen Moment die Augen, ehe sie mit tonloser Stimme zu einer Antwort ansetzte.

„Noch vor ein paar Monaten hätte ich diese Frage lächerlich gefunden und entschieden von mir gewiesen. Aber seit er arbeitslos ist, ist er ein anderer Mensch. Ich kenne ihn nicht mehr, deshalb kann ich Ihre Frage auch nicht beantworten. Doch eines weiß ich gewiss. Er würde mich nie anlügen. Fahren Sie mich zu ihm! Wenn er etwas mit dem Verschwinden der Mädchen zu tun hat, dann kann er es nicht vor mir verbergen."

Mir war zwar nicht wohl bei der Sache, aber ich stimmte zu, weil wir sonst nichts in der Hand hatten, was uns weitergebracht hätte, und wir deshalb auf jede Hilfe angewiesen waren. Wir beschlossen, mit der Suchaktion erst zu beginnen, nachdem Gudrun Windtner mit ihrem Mann gesprochen hatte, und machten uns auf den Weg.

Rainer Windtner stand vor dem Haus und versuchte, mit einer Bürste die Schmierereien von der Hausmauer zu entfernen. Als Gudrun Windtner ihren Mann erblickte, sprang sie aus dem Wagen und stürzte sich auf ihn.

„Was hast du Maria angetan?", schrie sie hysterisch und schlug wie von Sinnen auf ihn ein. Er machte keinerlei Anstalten, sich zu wehren, sondern erduldete stumm die Schläge, die auf ihn niederprasselten. Sekunden später waren Gruber und ich bei den beiden. Gudrun Windtner war so außer sich, dass wir sie nur mit Mühe bändigen konnten. Wir packten sie an den Handgelenken und zerrten sie von ihrem Mann weg.

Plötzlich schien alle Energie aus ihr zu entweichen. Sie sank zu Boden und brach in Tränen aus. Wir halfen ihr auf und führten sie zu einer Bank neben dem Haus.

Ihr Mann rührte sich nicht von der Stelle und starrte wie unter Hypnose in den Himmel. Die rechte Augenbraue war aufgeplatzt. Das Blut rann über die Wange und färbte das weiße Hemd hellrot.

Ich hatte keine Ahnung, ob Frau Windtner ansprechbar war. Sie kauerte regungslos auf der Bank und stierte auf den Garten. Ich schaute in die Richtung, in die sie blickte. Plötzlich wurde mir bewusst, was sie fixierte. Es war die Grube, die die Männer des kriminaltechnischen Dienstes ausgehoben hatten.

„Das ist nicht, wonach es aussieht. Dort haben meine Kollegen den Hund gefunden, den Ihr Mann vergraben hat."

„Den Hund?", wiederholte sie erstaunt.

Ich erklärte ihr, was es damit für eine Bewandtnis hatte, und berichtete ihr auch, dass die Kollegen von der Spurensicherung das Haus und das gesamte Gelände überprüft hatten. Allerdings ohne Ergebnis. Sie starrte nach wie vor auf die Grube und gab durch nichts zu erkennen, dass sie mich verstanden hatte. Ich wandte mich um und schaute Gruber hilflos an. In diesem Moment flüsterte sie etwas. Ich beugte mich zu ihr nieder und bat sie, noch einmal zu wiederholen, was sie eben gesagt hatte.

„Die Hütte", murmelte sie dieses Mal etwas lauter.

„Haben Sie Hütte gesagt?", fragte ich nach. „Was für eine Hütte meinen Sie?"

Plötzlich kam Leben in sie. Sie richtete sich auf und zeigte hinter sich.

„Unsere Hütte", erklärte sie aufgeregt. „Sie befindet sich in der Nähe des Godererkogels. Mitten im Wald. In der letzten Zeit ist er immer wieder dort gewesen und oft tagelang nicht nachhause gekommen." Sie warf einen angewiderten Blick auf ihren Mann. „Keine Ahnung, was er dort getrieben hat. Vielleicht hat er …" Sie hielt mitten im Wort inne und brach erneut in Tränen aus.

„Weißt du, wo diese Hütte ist?", fragte ich Gruber.

Er nickte.

„Dann nichts wie los!", rief ich ihm zu. „Und verständige die Kollegen, dass sie auch hinkommen! Kann gut sein, dass wir Hilfe brauchen."

Am liebsten hätte ich die beiden Windtners an Ort und Stelle gelassen und wäre ohne sie losgefahren, aber da ich Angst hatte, dass sie neuerlich aufeinander losgehen würden, sobald wir weg waren, verfrachteten wir sie kurzerhand in den Wagen und machten uns zu viert auf den Weg. Kurz nach G. bog Gruber auf eine Forststraße ab, die nach ein paar hundert Metern in einen dichten Wald mündete.

Von da an ging es steil bergauf. Obwohl wir nur im Schritttempo vorwärts kamen, wurden wir wild hin und her gerüttelt. Gruber hielt das Lenkrad mit beiden Händen umklammert und starrte konzentriert nach vorne. Eine falsche Bewegung und wir würden vom Weg abkommen und dutzende Meter in die Tiefe stürzen. Mehr als einmal heulte der Motor derart gequält auf, dass ich fürchtete, er würde

Schaden nehmen und uns zwingen, zu Fuß den Aufstieg fortzusetzen.

Plötzlich öffnete sich vor uns eine kleine Lichtung. Gruber brachte den Wagen zum Stehen. Direkt uns gegenüber duckte sich eine Holzhütte unter dem Schatten mächtiger Fichten. Frau Windtner wollte aus dem Fahrzeug springen, aber ich bedeutete ihr, sitzenzubleiben. Ich befürchtete das Schlimmste und wollte ihr einen Anblick ersparen, der sie ein Leben lang bis in den Traum verfolgen würde. Ich stieg aus und schaute mich um. Was für ein düsterer Ort! Die Bäume breiteten ihre Äste wie ein Dach über der Lichtung aus und hinderten die Sonnenstrahlen, bis hierher durchzudringen. Ein kalter Wind blies mir entgegen und ließ mich frösteln. Außer dem scheppernden Krächzen des Ventilators, der den Motor kühlte, war kein Geräusch zu vernehmen. Gruber warf mir einen bangen Blick zu. Ich wusste sofort warum. Der Ort strahlte etwas Unheilverkündendes aus. Langsam gingen wir auf die Hütte zu. Ein Käuzchen stieß einen schaurigen Schrei aus. Ich zuckte zusammen und hielt inne. In diesem Moment wurde die Tür geöffnet. Ein Mädchen schaute uns verwundert entgegen, hinter ihr tauchte ein zweites Mädchen im Türrahmen auf. Ich hörte, wie die Autotür aufgerissen wurde. Frau Windtner rannte an uns vorbei und schloss ein Kind in die Arme. „Maria, was ist passiert? Geht es dir gut?"

Auch Gruber war nicht mehr zu halten. Er lief zu dem anderen Mädchen und drückte es an sich.

Ich atmete erleichtert auf. Mit diesem glücklichen Ausgang hatte ich nicht gerechnet, sondern war davon überzeugt gewesen, die Kinder hier tot aufzufinden. Ich drehte mich um und schaute zum Wagen. Windter kauerte regungslos auf der Rückbank und starrte mit versteinertem Blick Richtung Hütte.

„Hat dein Vater euch hierher gebracht?", wollte Gudrun Windtner wissen, nachdem sie sich etwas gefasst hatte. Maria schüttelte den Kopf. „Wir sind ganz alleine hier herauf gekommen."

„Aber warum? Wir haben uns solche Sorgen um euch gemacht."

„Weil er Hektor umgebracht hat!" Sie wies mit dem Kopf zum Wagen. Der Blick, mit dem sie ihren Vater bedachte, war so voller Abscheu, dass mir ein kalter Schauder den Rücken hinab lief.

Eines war sicher, sie würde ihm nie verzeihen können, was er getan hatte.

„Aber das gibt es doch nicht", erwiderte ihre Mutter ungläubig. „Wieso soll er das getan haben?"

„Weil er wieder einmal betrunken war. Hektor ist ihm in die Küche nachgelaufen und hat um Futter gebettelt. Da hat er ihm einen Tritt verabreicht. Und du kennst Hektor. Das lässt er sich nicht gefallen. Er hat die Zähne gefletscht und böse geknurrt, worauf er eine Flasche nach ihm geschmissen hat. Und dann…" Ein Beben durchzuckte ihren Körper und Tränen rannen über ihre Wangen.

„Noch nie habe ich jemanden so gehasst", fuhr sie schluchzend fort. „Ich wollte nur noch weg. So wie du! Du bist ja auch fortgelaufen und hast mich bei ihm zurückgelassen. Für mich stand fest, dass ich keine Sekunde länger bei ihm bleiben werde. Eigentlich wollte ich sofort weg, doch Sabrina hat mich davon abgehalten. Wir haben miteinander geredet und beschlossen, am nächsten Morgen nicht in die Schule zu gehen, sondern uns hier in der Hütte zu verstecken, um ihm einen Denkzettel zu verpassen."

„Eigentlich hatten wir vor, am Nachmittag zu mir nachhause zurückzukehren", mischte sich Sabrina ein. „Aber wir haben die Zeit übersehen und Angst bekommen, dass wir uns verirren, wenn wir in der Dunkelheit aufbrechen. Deshalb haben wir hier übernachtet."

Sie warf ihrem Onkel einen fragenden Blick zu. „Werden wir jetzt bestraft?"

„Eigentlich habt ihr eine Tracht Prügel verdient, weil ihr uns solche Sorgen bereitet habt", erwiderte Gruber ernst. „Das Wichtigste ist jedoch, dass euch nichts passiert ist. Ich denke, wir können von einer Strafe absehen."

Inzwischen waren zwei weitere Einsatzfahrzeuge auf der Lichtung eingelangt.

„Können Ihre Kollegen Maria und mich zu unserem Haus fahren?", wandte sich Gudrun Windtner an uns. „Mit ihm", sie machte eine abfällige Bewegung in Richtung ihres Mannes, „will ich nichts mehr zu tun haben und es wäre mir ein Gräuel, wenn wir im gleichen Auto wie er zurückgebracht werden. Ich packe nur schnell das Allernötigste zusammen und mache mich dann mit Maria auf den Weg nach Graz. Falls sie etwas von mir brauchen, können sie mich in der nächsten Zeit bei meinen Eltern erreichen."

Gruber beauftragte zwei Kollegen, die beiden zu ihrem Haus zu bringen. Um Sabrinas Rückkehr wollte er sich selbst kümmern.

Für mich gab es hier nichts mehr zu tun. Ich wartete, bis Gruber das Gespräch mit seiner Schwestern beendet hatte, ehe ich ihn bat, mich zu meinem Auto zu bringen.

Windtner kauerte noch immer teilnahmslos auf der Rückbank des Polizeiwagens. Ich teilte ihm mit, dass er höchstwahrscheinlich eine Anzeige wegen Tierquälerei zu erwarten habe.

„Bin ich deswegen verhaftet?", erkundigte er sich mit tonloser Stimme.

Ich schüttelte den Kopf und fragte ihn, ob wir ihn nachhause fahren sollten.

„Ich würde lieber hier bleiben, wenn das geht."

„Sie sind ein freier Mann und können tun und lassen, was Sie wollen", erwiderte ich.

Er nickte und stieg aus dem Wagen. Mit hängenden Schultern schlurfte er zur Hütte und verschwand darin.

Als wir den Parkplatz in Vichtenstein erreichten, bedankte sich Gruber noch einmal für meine Hilfe. „Ohne deinen Riecher wären wir nie darauf gekommen, dass Windtner etwas mit der Sache zu tun hat."

Ich warf ihm einen verwunderten Blick zu. „Hat er das? Abgesehen einmal von der Sache mit dem Hund hat sich der Mann nichts zu Schulden kommen lassen. Der Rest ist eine Familienangelegenheit und geht uns eigentlich nichts an."

„Du weißt genau, was ich meine."

Ehrlich gestanden wusste ich es nicht, aber ich verzichtete auf eine Erwiderung, sondern stieg in meinen Wagen und fuhr nach Linz zurück.

Zwei Tage später stellte die Zentrale einen Anruf an mich durch. Es war Gruber.

„Ich wollte dir nur mitteilen, dass Windtner heute Morgen tot in seiner Hütte aufgefunden worden ist. Er hat sich erhängt. Fremdverschulden kann definitiv ausgeschlossen werden."

Kurz regte sich so etwas wie ein schlechtes Gewissen in mir. Trugen wir Schuld daran, dass sich der Mann zu diesem Schritt entschlossen hatte? Aber ich schüttelte dieses Gefühl ab wie ein nasser Hund das Wasser aus seinem Fell. Unsere Aufgabe war es, Verbrechen aufzuklären. Alles hatte danach ausgesehen, dass die beiden Mädchen entführt oder sogar getötet worden waren. Und Windtner hatte sich durch seine Lügen verdächtig gemacht. Hätte er sich kooperativ verhalten, wäre es nie so weit gekommen. Warum rief mich Gruber eigentlich an? Wollte er mir die Schuld an Windtners Tod geben? Ich spürte, wie mich Zorn erfasste. Er sollte einmal über sein Verhalten und das seiner Mitbürger nachdenken. Wie hatte Windtner seine Lügen uns gegenüber gerechtfertigt? Wenn du hier die Wahrheit sagst, kannst du dich gleich erschießen. Mir würde das schon zu denken geben.

„Tragisch", erwiderte ich deshalb kurz angebunden und beendete das Gespräch mit dem Hinweis, dass ich eine wichtige Aufgabe zu erledigen hatte. Wenn Gruber oder die Bewohner von G. mit Windtners Tod nicht klar kamen, war das ihre Sache. Ich hatte jedenfalls keine Lust, mir durch diese Familienangelegenheit den Tag verderben zu lassen.

Franzobel

Der Biertod

Wie ist das, wenn man abkratzt oder abgekratzt wird? Wenn der göttliche Putztrupp kommt und dich, egal wie sehr auch immer du am Leben klebst, dich runterreißt und deine letzten Reste runterrubbelt wie einen alten Aufkleber von einer Toilettenfliese oder einem Spiegel? Wie ist es also, wenn man abtritt und im Abtritt landet? Wie fühlt es sich an, wenn man stirbt? Es könnte ja einen direkten Einfluss auf die Gesundheit haben, im negativen Sinn.

Gehörst du auch, geschätzter Leser, zu jenen, die meinen, mit dem Abtreten und Abkratzen und Ableben sei alles aus? Denkst du auch, der Tod wirft dich zurück in jene dumpfe pränatale Geistlosigkeit, in der du nichts mehr mitbekommst, weil nichts mehr ist, dass es mitzubekommen lohnt? Stellst du das Reich der Toten dir wie einen schlammigen Flussgrund vor? Kalt und düster. Brackwasser, in dem nur Krötenlaich und der Schwarzmundgrundler lebt. Oder glaubst du, nach dem Tod kommt man an eine Lichtpforte und wird von Petrus mit „Was geht, du Pfeife" oder ähnlich jovial begrüßt? Ein Blumenkranz wird einem um den Hals gelegt, ein Herrengedeck serviert, dazu ein Häufchen Koks und ein mit bunten Hawaiihemden ausstaffierter Engelschor trällert zur Begrüßung „Herzilein" von den Wildecker Herzbuben? Oder stellst du dir die Himmelspforte wie die leicht muffige Umkleidekabine eines Fitnesscenters vor? Man muss unter die Dusche, bekommt Gummischlappen, einen Bademantel, muss seine Füße unter einen Pilzdesinfektionsstrahl halten, sich in eine Reihe stellen, kriegt eine Nummer und hat Formulare und Einreisebestätigungen auszufüllen? Allergien? Unverträglichkeiten? Raucherzimmer? Oder bist du esoterischer, meinst, der Tod ist eine Schleuse, an deren Ausgang du als Schmetterling oder Leopard wiedergeboren wirst? Als Hirtenhund, Ameise oder Baumhummer? Dann muss ich dich enttäuschen. Mit dem Tod ist es anders. Man steigt aus seinem Körper wie ein Reisender aus einem Zug und plötzlich ist man da und weiß Bescheid, man ist überall feinstofflich verteilt - zerstäubt. In jeden Winkel kann man kriechen, in Körperhöhlen, Hirnwindungen. Man weiß alles. Mit dem Tod, den alle fürchten wie sonst nichts, so sehr, dass sie bereits zu Lebzeiten tot sich stellen, all ihre Lebendigkeit aus sich vertreiben, in Reihenhäuser mit Thujen, Carports und Fertigteilmöbel ziehen, in die Kulissen einer Vorabendserie, damit man sie für wandelnde Leichen hält, mit diesem Tod, den alle klein reden und verdrängen, ist man nicht nur alle Schmerzen los, alle Ängste, sondern auch noch allgegenwärtig. Wie soll ich's dir erklären? Das Leben ist ein Wassertropfen, der vom Himmel fällt, und wenn du stirbst, zerplatzt du und läufst zurück ins Meer.

Aber keine Angst, das heißt nicht, dass einem ständig irgendwelche Verblichenen im Genick sitzen, man nicht trotzdem, solange man ein Tropfen namens Mensch ist, ein krummes Ding drehen oder an seinem Ding drehen könnte, bis es krumm ist, ohne dass einem ein Abgegangener über die Schulter schaut, weil irgendwann lösen die sich auf.

Glaubst du nicht? Woher ich das weiß? Nun, weil ich meinen Abgang bereits hinter mir habe und schon die Tatsache, dass ich dir hier erzähle, wie sich das abspielt, ist ja Beweis genug. Vor allem aber will ich dir, du Leser, mein völlig unerwartetes Ableben schildern. Mich haben das Bier und ein Milchkännchen auf dem Gewissen. Jawohl, ich bin ein Bier- und Milchkännchenopfer.

Als fantasiebegabter Hypochonder hatte ich ständig mit irgendeiner Krankheit, mit einem Verkehrsunfall oder Ähnlichem geliebäugelt, mit Hirntumor, Bauchspeicheldrüsenkrebs oder einem Lungeninfarkt, Herzkasperl oder Niereninsuffizienz, aber sicher nicht mit einem Bier- und Milchkännchentod, schon gar nicht in einer Schule, in der ich, der Schriftsteller John Hart, Passagen aus meinem Buch „Wie man Verbrecher wird" vortragen sollte. Was soll's? Als mittelmäßiger Schriftsteller im Mittelalter musst du dir sowieso eingestehen, dass deine beste Zeit vorbei ist. Zwei Perspektiven bleiben dir ab vierzig. Entweder wirst du ein zynischer, versoffener alter Kacker, dem Tabakbrösel an den Mundecken picken und der sich nicht mehr die braunen Zahnstummeln putzt, inkontinent ist, die Welt hasst und sich von Alkohol ernährt, oder du wirst Lyriker, verbittert und mittellos, einer der von einem Löffel Bücherstaub eine Woche lebt. Entweder machst du auf despotischen Landadel oder auf urbanen Schnorrer. Beides ist nahe am Hospitalismus. Trotz dieser nicht gerade berauschenden Perspektiven muss ich gestehen, dass ich keineswegs gern gegangen bin. Wenn es wegen dem Rauchen, dem Saufen, dem Herumhuren oder Motorradfahren gewesen wäre, gut. Aber wegen einer Schullesung? Wenn ich zumindest einen meiner Feinde mitgerissen hätte.

Vielleicht hätte ich dem Rat meiner Eltern folgen und Lehrer werden sollen. Schriftsteller gehört ja in Österreich zu den am allerwenigsten angesehenen Berufen. Zwar werden die Dichter verehrt und bewundert, aber erst, sobald sie hinüber sind. Bis dahin ladet man Mistfuhren vor ihren Häusern ab, schmeißt ihnen Scheiße zum Fenster rein oder wünscht ihnen zumindest in Leserbriefen und Postings Pest und Sackläuse. Schriftsteller werden verachtet, weil sie den Leuten einen Spiegel vor ihr entstelltes Antlitz halten. Sie werden verachtet, weil sie etwas riskiert haben, keine Werktätigen geworden sind, sich nicht brechen lassen haben. Und weil sie sich einbilden, dass ihr Geschreibsel jemand liest.

Nur meine Frau war stolz auf meine Schreiberei, auf meine lokale Bekanntheit, hat ihren Freunden vorgeschwärmt und gefeiert, wenn es eines meiner Bücher mal für eine Woche auf den letzten Platz der Bestsellerliste einer Regionalzeitung schaffte. Sie war stolz, die Frau des Schriftstellers John Hart zu sein, der mit bürgerlichem Namen Michael Kerbelmeier heißt.

Nun ja, vielleicht wird diese Geschichte hier, die ich ihr vermache, ein Verkaufsschlager. Unwahrscheinlich, schließlich hat nicht einmal mein medienwirksamer Abgang den Absatz der Bücher angekurbelt, aber egal, ich habe jetzt sowieso nichts mehr davon. Denn eines kann ich dir sagen, Leser, die Idee, dass Schreiben unsterblich macht, ist ein ausgemachter Unsinn, ausgemacht vom Bürgertum. Der Künstler muss leiden und wird dafür mit Unsterblichkeit belohnt. Blödsinn. Alles ist vergänglich. Alles ist irgendwann wieder verschwunden. Das ist tragisch, aber auch beruhigend.

Mein Abgang geschah also in einer Schule, Höheres Bundesrealgymnasium, in einer Kleinstadt namens Irrwitz im Donaubecken. Das ist eine vergessene Gegend an den Ausläufern der Alpen. Flach wie die Brust einer Zehnjährigen. Eine fruchtbare Gegend, in der die Menschen jahrhundertelang die Felder beackerten und zusahen, wie alle paar Jahre das Hochwasser der Donau jeden erwirtschafteten Reichtum sofort wieder fortspülte. Eine Gegend, wo den Menschen aus Angst vor dem nächsten Hochwasser lange Hälse wuchsen. Bis man den Damm baute, die Erträge an Iglo verkaufte und reich geworden ist. Heute baut man vor allem Mais und Weizen an, es gibt aber auch welche, die in Rasen machen. Riesige Rasenrollen für die Fußballstadien und Golfplätze dieser Welt. Früher einmal gab es hier Römersiedlungen, jetzt gibt es Irrwitz, eine zur Marktgemeinde geschrumpfte Kleinstadt. Hier also sollte mein Abgang stattfinden. Doch davon später.

Da selbst ein misanthropisch veranlagter, mittelalterlicher Schriftsteller mit Tendenz zur senilen Bettflucht nicht um sechs Uhr morgens aufstehen will, weil er um neun Uhr morgens vor die Schulklasse treten muss, hatte ich das Angebot der Übernachtung in Irrwitz angenommen. Schon deshalb, weil ich morgens eine Stunde für die Verrichtungen im Stoffwechselhäuschen brauche.

Sonntag der 28. April. Im Postbus vier Menschen, zwei Arbeiter, der Fahrer und ich. Um sechs Uhr abends sind wir angekommen, ich bin zur Frühstückspension Erika gegangen, habe mir von der stämmigen Zimmerwirtin den Schlüssel geben lassen.

- Wenn Sie zur Maifeier wollen, Herr Kerbelmeier, müssen Sie sich beeilen, lächelte die einheimische, geschlechtlich nur schwer zuordenbare Person. Einerseits hatte sie ausladende Brüste wie eine steinzeitliche Fruchtbarkeitsgöttin, andererseits erinnerte der kräftige Oberlippenbart an einen jungen Schlosser. Außerdem bewegte sich dieser menschliche Maikäfer auf zwei erstaunlich dünnen Beinchen.

Maifeier? Tatsächlich nahm ich erst jetzt wahr, dass nicht allzu weit entfernt eine Blasmusikkapelle spielte. Das ist wie mit unangenehmen Gerüchen, eine Weile lang besitzt das Gehirn die Fähigkeit, so etwas auszublenden. Bis jemand sagt, puh, da stinkts. Man riecht und ekelt sich. So bohrte sich die Blasmusik in meine Ohren.

- Sie meinen so ein Dorffest mit Bier und Würsteln? Das ist entsetzlich. Ich bin John Hart, der bekannte Schriftsteller und hasse derartige Veranstaltungen, bei denen sich die menschliche Dumpfheit unverstellt zeigt.

- Ganz wie Sie meinen, Herr Kerbelmeier.

Maifest? Pha, sollte ich vielleicht mit den hiesigen Eingeborenen trinken und schunkeln? Vielleicht von Schülern gesehen werden, denen ich morgen etwas von hoher Literatur erzählen musste? Sollte sich etwa ein John Hart diese bei solchen Festen übliche volkstümliche Musik anhören, Lieder, die die Rose vom Wörthersee oder den Sonnenuntergang von Capri besangen? Lieder von Bands, die ganz in Weiß antraten und auf goldenen Klarinetten spielten, weil sie schon nicht mehr wussten, wohin mit all der Kohle, die sie mit ihrer Schwachonimusik einspielten? Auf keinen Fall! Nicht John Hart. Es war mir ja immer schon ein Rätsel, wie eine derart blödsinnige Musik so erfolgreich sein konnte. Angeblich hatten die Original Mölltaler mehr CDs verkauft als die Beatles – selbst, wenn es bei den Beatles schon CDs gegeben hätte. Weil 90 Prozent der Bevölkerung zu 100 Prozent Idioten sind? Und von dieser Verdummungsmusik soll ich, John Hart, mich beschallen lassen? Sicher nicht!

Ich ging also in mein Zimmer, in dem sich billige, dunkel furnierte Möbel unter rosaroten Tischdeckchen versteckten. Hinter einem angegilbten Store ein kleines doppeltüriges Fenster mit unzähligen toten Fliegen im Zwischenraum. Die lagen am Rücken wie vom Blitz erschlagene Kühe und streckten ihre Beinchen von sich. Ein kleiner Fernseher, daneben eine Senderliste in einer Klarsichthülle: 38 Kanäle. Eine Vase mit Plastikblumen. Fleckerlteppich. Auf einer verfliesten Wand das Waschbecken. Handtuchhalter aus Plastik an den weißen Fliesen, billige Spiegellampe. Ein winziges Stoffwechselhäuschen mit schwerer, schon reichlich abgesessener Klobrille, einem kleinen Stück Seife am Waschbecken und pfirsichfarbenen Frotteehandtüchern.

Auf den malzkaffeebraunen Fliesen eine Flasche Meister Proper, daneben die Klobürste. Marmorierter Spülkasten, dahinter die Abdeckung einer Luftabsaugung. Ich stellte meinen Rucksack auf das schmale Einzelbett, aß das kleine am Kopfpolster liegende Schokoladestück und beschloss, da ich es in dieser Abstellkammer nicht aushielt, noch etwas durch die Stadt zu flanieren.

Stadt? Eine Hauptstrasse an der sich Geschäfte drängten. Ehe ich mich versah, stand ich bei der barocken Pestsäule, bei der die Blasmusik spielte. Die Freiwillige Feuerwehr war zugange, mit einem Bagger den Maibaum aufzustellen. Ein Maibaum, dessen untere Hälfte voll mit hölzernen Reklametafeln war. Metzgerei Hebedinger, Zahnarzt Zederbauer, Bäckerei Schubmehl, Kieswerk Angermaier, Schuhhaus Pimmeshofer.

Angewidert von dieser Volksfeststimmung wollte ich umdrehen. Ein Schriftsteller sollte sich keinesfalls solch gemeinen Vergnügungen hingeben – schon gar nicht ein John Hart. Da hinten war die Schule, an der ich morgen lesen würde, eine Mischung aus altem Schloss und modernem Plattenbau. Große Fenster, manche mit bunten Klebebuchstaben. Waschbetonplatten. Ich näherte mich bedächtig, als plötzlich die Busstation zu sprechen anfing. Was war das? Ich machte sofort kehrt.

Das war ein Fehler, denn jetzt lief mir ein Pappteller samt einer kross aussehenden, fetttriefenden Wurst vor die Nase, die *Nimm mich, nimm mich* schrie. Ehe ich mich wehren konnte, stand ich auch schon in einer Reihe dörflich aussehender und dumm feixender Menschen um ein Bier und eine Bratwurst an. Rustikale Menschen bedienten und verlangten einen lächerlich geringen Betrag, für den man in Wien noch nicht einmal einen Straßenbahnfahrschein bekommt.

Um nicht mit irgendwelchen Einheimischen ihr kaum verständliches Pidgin-Deutsch reden zu müssen, das sich meist nur aus Oa-Lauten zusammensetzte, Moadoabraogoalaooa... , hockte ich mich an einen leeren etwas abseits stehenden Tisch und sah den Eingeborenen zu, wie sie ihr Resthirn vernichteten. Verwachsene Körper, die meisten in Stutzen und Sandalen, karierten Hemden oder Schürzen. Wahrscheinlich, dachte ich, waren über Generationen die Gutaussehenden und Intelligenten immer in die Stadt gegangen, während der Rest hier geblieben war und sich fortgepflanzt hatte.

Kaum hatte ich in die Wurst gebissen, saßen auch schon welche neben mir. Ein Mädchen mit einer Feuerwehrjacke, zwei Männer im Holzfällerhemd, eine junge Frau im Sommerkleid. Um mich nicht mit ihnen unterhalten zu müssen, winkte ich ein Mädchen heran, das Tombolalose verkaufte. Fünf Lose für fünf Euro. Man musste ankreuzen, wie viele Mitglieder die hiesige Freiwillige Feuerwehr hatte. 55, 121 oder 437, wobei die richtige Antwort, die mittlere, als einzige fett gedruckt war. Trotzdem schaffte es nicht jeder.

Inzwischen hatten sich auch meine Tischnachbarn mit Bier und Würstel eingedeckt. Bald waren noch zwei Pärchen hinzugekommen, so dass der längliche Klapptisch nun vollbesetzt war. Sie redeten in ihrer Oa- und Ao-Sprache von Bier- und Benzinpreisen, erzählten ordinäre, allerdings, wie ich zugeben muss, relativ lustige Witze oder sonst einen Blödsinn, den ihnen die Gratiszeitungen vorgekaut hatten. Typische Landmenschen, die niemals ein Buch oder den Kulturteil einer Zeitung zu Gesicht bekamen, völlig ungebildete Nasenbohrer, und mich daher auch nicht kennen konnten.

Die Blasmusik spielte Märsche, Kinder liefen penetrant herum und kreischten, als ob ihnen ein Bienenschwarm hinterher wäre, meine Tischnachbarn versuchten mich ins Gespräch zu ziehen, was ich aber beharrlich ignorierte. Nur keine Fraternisierung! Was ging mich dieser Dorftratsch an? Der Derrschmidt hatte eine Neue, der alte Grammelstadler war gestorben und der Leidenfrost hatte seine Frau derart geprügelt, dass die Polizei anrücken musste. Der Veit hat wieder einmal seinen Garten ausgeräuchert und die Bärmoser wäre jetzt mit dem Kraml zusammen, zumindest hätte sie schon wer gesehen. Das übliche Gewäsch. Als ich mit dem Bier fertig war und zurück zu meinem trostlosen Quartier gehen wollte, schnalzte die junge Frau mit der Zunge:

- Jetzt weiß ich, wer Sie sind, John Hart, der Schriftsteller, der morgen an der Schule liest.

Ich lächelte milde.

- Gestatten, Minz, Manuela. (Am Land sagte man immer zuerst den Nachnamen.)

- Das Minzzuckerl, mischte sich ein Holzfällerhemd ein.

- Süß und scharf, lachte die junge Frau, die mit ihrer von Sommersprossen übersäten mehlweißen Haut und dem schwarzen Haar tatsächlich aussah wie ein in Bitterschokolade gehülltes Minzblättchen. Eine, wie ich erst jetzt sah, recht hübsche, ja geradezu bezaubernde Frau. Wie kam denn die in dieses Kaff? Sie unterrichtete Deutsch und Französisch, war in Frankreich aufgewachsen und hatte deshalb einen leichten Akzent in Sprache und Bewegung.

- Ich möchte morgen zuhören, aber ich weiß nicht, ob ich es schaffe.

- Das hängt von heute Abend ab, grinste die Feuerwehrjacke.

Inzwischen hatte einer der Holzfäller ein weiteres Mädchen, das mit einem kleinen Fässchen seine Runden zog, heran gewunken und für alle am Tisch, also auch für mich, einen Schnaps bestellt. Ich wollte abwehren, aber das ließ

man, da ich ohnehin die Tombolaverlosung abwarten musste, nicht gelten.

Einer der Holzfäller stellte sich als Leiter des Natur-
schutzparks heraus, den man hier vor zwanzig Jahren trotz
heftiger Proteste seitens der Bevölkerung ausgerufen hatte.
Aber jeder der damals dagegen war, ist heute dafür.

Die anderen von mir als dumpfe Landmenschen gehalte-
nen Tischgenossen entpuppten sich als Tierarzt, seine hoch-
intelligente Tochter (Feuerwehrjacke), ein im Naturschutzge-
biet beschäftigtes Biologenpärchen sowie zwei Archäologen,
die an den Ausgrabungen einer Römersiedlung beteiligt waren. Allesamt hatten sie das eine oder andere Buch von mir
gelesen und waren froh, meine Bekanntschaft zu machen.

- Endlich einmal eine Berühmtheit hier bei uns.

- Na ja, winkte ich bescheiden ab.

- Aber im Fernsehen hab ich dich schon mal gesehen.
(Am Land wurde man geduzt, bis man 80 war.) Wir leben
hier zwar vielleicht in einer gottvergessenen Gegend, aber
das heißt nicht, dass wir alle Idioten sind.

- Land sagte ich, nun schon etwas angeheitert, Land ist
da, wo man sich in den Lokalen das Essen einpacken lässt
und Sonntags Geld in die Zeitungstaschen wirft, weil man
Angst davor hat, beobachtet zu werden. Aber ihr hier habt
sprechende Bushaltestationen.

- Sprechende Bushaltestationen? Die anderen brauch-
ten eine Weile, bis sie verstanden, was ich meinte, belehrten
mich dann aber, dass nicht die Bushaltestation, sondern der
Mistkübel gesprochen hatte.

- Der Mistkübel?, jetzt war ich baff.

- Ja, der ist solargespeist und bedankt sich für das
Umweltbewusstsein. Außerdem macht er Werbung für die
Metzgerei Hebedinger und die Bäckerei Schubmehl. Die
Kinder gehen übrigens in die 7a, in der morgen die Lesung

ist, deutete die Minz auf eine Gruppe rauchender Jugendlicher, die an einem Moped standen, Red Bull Dosen in der Hand hielten und sich die Kopfhörer ihrer iPods an die Ohren hielten. Im Zentrum ein Bürstenhaarschnitt, selbstsicher und eitel. Daneben einer mit hoher Stirn und Sonnenbrille, sein Adlatus. Ein paar Mädchen, kichernd.

- Und? Wie sind die so?
- Sehr angenehm, aber nicht besonders auffällig.
- Dann kann ich noch ein Bier trinken?
- Bestimmt, lachte die Minz, saugte an ihrer Zigarette und bot mir eine an. Weder sie noch die Schüler wussten, dass der kommende Tag alles verändern würde. Einer wusste es schon, Simon Bruckner, aber der war dabei noch ein paar Vorbereitungen zu treffen. Er hatte sich für seine letzte Nacht in der Anonymität in seinem Zimmer eingesperrt, auf die Anrufe von Sona und Livius nicht reagiert. So waren die beiden alleine zum Maifest, tranken ein Bier und rauchten im Schlossgraben einen Joint.

Am nächsten Morgen war meine Kehle ein altes ungeputztes Ofenrohr, der Magen gab Geräusche von sich, die an den Abfluss einer Waschmaschine erinnerten, außerdem hatte ich entsetzliches Sodbrennen, Durchfall, Blähungen und eine merklich verzögerte Wahrnehmung. Mein Hirn war eine in Alkohol eingelegte, verschrumpelte Dörrpflaume, die sich mit jedem Pulsschlag schmerzlich zusammenzog, mein linkes Augenlid zitterte, und abgesehen davon, dass die Sehwerkzeuge in schmalen, verschwollenen Schlitzen steckten, waren auch die Augäpfel rotgeädert und von schwarzen Ringen unterzeichnet. Ich sah aus, als ob ich in eine Schlägerei gekommen wäre. Dabei war es nur der Alkohol, mit dem mein Körper kämpfte und verlor. Wenn es nach mir gegangen wäre, hätte ich den Tag im Bett verbracht, Reissuppe gegessen und ferngesehen. Aber das ging nicht. Nach mir ging es nicht.

Zumindest wusste ich nun, dass der rote Schwall, den ich nachts von mir gegeben und für Teile meiner Bronchien und Lungen gehalten hatte, dass diese rote Schleimfontäne, von denen die Reste auf der Klomuschel klebten, doch nur Rotwein war, den irgendwer nachts auf den Tisch gestellt hatte. Mich plagte seit Wochen zäher Husten und vor dem Niederlegen (irgendwann gegen halb vier) musste ich nicht nur noch eine Zigarette geraucht, sondern auch ein schleimlösendes Aeromuc genommen haben. Was hätte ich auch sonst tun sollen, die Minz war trotz aller Avancen nicht zum Mitkommen bereit und an eine autarke Triebabfuhr war in meinem Zustand nicht zu denken. Bestimmt war dieses hustenfördernde Medikament für das Erbrechen verantwortlich. Jedenfalls war ich nachts, nachdem dieser rote Schwall aus mir herausgeschossen war, überzeugt, sterben zu müssen. Trotzdem hatte ich mich wieder ruhig ins Bett gelegt und war wider Erwarten sogar rechtzeitig aufgewacht. Idiot, Vollpfosten, hämmerte mein Kopf, wärst du doch in Wien geblieben, beizeiten ins Bett gegangen, um sechs Uhr aufgestanden und dann mit dem Bus hierher gefahren. Ach hättest du diese Schullesung lieber gleich abgesagt. Jetzt ging das nicht mehr, wusste man, dass du hier warst, das Zimmer in Anspruch genommen hattest. Jetzt warst du verpflichtet.

Und während mein Kopf so schrie, sah ich es, das Ungeheuer. Ich versuchte mich irgendwo festzuhalten, schloss die Augen, öffnete sie wieder, aber das Ungeheuer war noch immer da und starrte mich bedrohlich an. Ein riesiger in Zellophanpapier gewickelter Geschenkskorb, wie ihn Jubilare zum 100. Geburtstag bekommen, gefüllt mit Spirituosen, Hartwürsten und Dosen, die ein Hundertjähriger ohnehin nicht mehr verträgt. Sollte ich den mitgehen lassen haben? Meine Frau hatte einmal im Suff in einer Landpension das große für die Trinkgelder der Bediensteten gedachte Porzellan-Sparschwein mitgenommen, weil sie, wie sie sagte, betrunken immer etwas mitgehen lässt, was ihr am nächsten Morgen schrecklich peinlich war. Und ich hatte dieses mächtige Ungetüm gestohlen! Einen Geschenkskorb, von dem sich in Afrika ganze Landstriche ernähren ließen. Oder sollte ich ihn in der Tombola gewonnen haben? Ich konnte mich nur dumpf erinnern, dass sich die Namen der Gewinner und Preisstifter verdächtig oft wiederholten, dass Weinflaschen, Luftmatratzen und Einkaufsgutscheine ihre Besitzer wechselten, dass mir die Minz noch die eine oder andere Zigarette angeboten hat, die Schüler der 7a mich überhaupt nicht beachtet haben. Dass ... Filmriss ... die Rotweinflasche. Wie habe ich überhaupt die Pension wieder gefunden? Das Kotzen.

Also war ich mit diesem Geschenkskorb-Ungetüm in den Frühstücksraum getaumelt, es war das Wohnzimmer der Vermieterin, hatte mir aus einer fleckigen Plastikthermoskanne lauwarmen Filterkaffee eingeschenkt und ein mit Extrawurst und Schnittkäse belegtes Brot gemacht.

- Na sehen Sie, Herr Kerbelmeier, kommentierte die käferförmige Herbergsmutter den Geschenkskorb. Hat sich das Maifest doch gelohnt. Ich registrierte erleichtert, dass ich zumindest in ihren Augen dieses Unding nicht gestohlen hatte, trank einen Schluck von dem bitter schmeckenden Kaffee, dachte an die mit roten Flecken übersäten Kloflisen, die sie putzen würde müssen, steckte ohne mir viel dabei zu denken eine kleine silberne Milchkanne in die Rocktasche und verabschiedete mich Richtung Pestsäule, wo ich mit Anselm, dem Hangspieler, verabredet war.

Rudolf Habringer

Man muss spüren, wie das ist

Sie betraten die Mall gegen halb elf. Die Sonne knallte auf den Parkplatz. Als Erik sein Rad absperrte, merkte er, wie kurz sein Schatten war, ein kleiner, schwarzer Hund, der ihm ständig zwischen die Beine lief. Im Einkaufscenter brannte künstliches Licht. Sie durchquerten den Gang, rechts ein Elektroladen, links eine Drogerie, an die eine Bäckerei und eine Tierhandlung anschlossen. Die Fleischtheke befand sich vor dem Eingang zum Supermarkt. Zwei Frauen waren damit beschäftigt, große Nirostabehälter mit Essen zu füllen. Auf der Tafel an der Wand waren die Mittagsmenüs mit Kreide angeschrieben. Zur Auswahl gab es Schweinsbraten und Gemüselasagne.

Werner bestellte zwei Leberkässemmeln, dazu für Erik ein Cola. Dann verschwand er wie vereinbart auf der Toilette. Erik setzte sich an einen der nackten Tische vor der Theke. Am Nebentisch saßen zwei ältere Männer in karierten Baumwollhemden und unterhielten sich bei einem Bier. Unauffällig stellte Erik unter dem Tisch sein Handy auf leise. Der winzige lichtlose Verschlag gegenüber, in dem sich ein Caféhaus befand, war menschenleer. Werner hatte recht gehabt. Knapp nach elf Uhr, noch bevor die Arbeiter aus der Umgebung und die Angestellten aus den Geschäften kamen, um sich für Mittag zu versorgen, war es hier am ruhigsten.

Erik war vom Supermarkt nur durch eine transparente Glasscheibe getrennt. Im Moment war nur eine Kasse besetzt. In der Weinabteilung räumte eine Angestellte Flaschen ein. Ein Aufkleber auf der Glaswand wies darauf hin, dass die Mall videoüberwacht wurde. Aber darüber hatten sie gesprochen. Alles Attrappen, hundertprozentig, hatte Werner gesagt. Er hatte die Information von seiner Mutter, sie hatte fünf Jahre lang in dieser Filiale gearbeitet.

Erik spürte, dass er nervös wurde. Werners Idee kam ihm immer noch ziemlich verrückt vor. Wir arbeiten nicht mit jedem zusammen, hatte Werner gesagt. Ich muss wissen, ob du es bringst. Wenn du mitmachen willst, müssen wir uns hundertprozentig verlassen können. Bedingungslos. Das waren die Sätze gewesen. Es war ein Test. Ob Erik nervlich stark genug war. Loser, die sich anscheißen, können wir nicht brauchen, hatte Werner gesagt.

Erst jetzt beachtete Erik die Männer am Nebentisch, der eine ein unscheinbarer Typ mit dunklen Haaren, die vorne glatt und rund geschnitten waren wie bei einem Mönch. Er redete ununterbrochen auf den anderen, größeren ein, dessen graue Haare begonnen hatten, sich ins Gelbe zu verfärben. Alle zwei Jahre habe ich mir einen neuen gekauft, sagte der Mann mit den dunklen Haaren, und ich bin über 70.000 Kilometer im Jahr gefahren. Offenbar war er als Vertreter unterwegs gewesen, was er verkauft hatte, war seiner Erzählung nicht zu entnehmen. Erik stellte sich vor, wie es sein musste, als Vertreter zu arbeiten. Ein angenehmes Gefühl streifte ihn. Man war unabhängig. Man konnte seinen Tagesablauf relativ frei gestalten. Man übernachtete oft auswärts. Der Job war wahrscheinlich auch abwechslungsreich. Man fuhr, wenn man Glück hatte wie dieser Mann, Mercedes.

Jetzt sagte auch der andere etwas. Und das, obwohl du ja Beamter warst, sagte er. Die ganze Zeit über ruckelte der Grauhaarige sein Bierglas hin und her.

Der Mann mit den dunklen Haaren lächelte. Ja, die haben mich zu Hause nicht oft gesehen, sagte er. Am Wochenende vielleicht. Aber Mittwoch und Freitag haben wir nur bis Mittag gearbeitet, sagte der Mann. Vielleicht war er siebzig Jahre alt, ganz feine Falten führten über seine Wangen. Die Leberkässemmel lag angebissen vor Erik auf dem Verpackungspapier und kühlte langsam aus. Erik nahm einen Schluck aus der Colaflasche. Er war zu nervös, als dass er Appetit verspürt hätte.

Dann stand Werner wieder vor ihm und grinste breit. Erik merkte, wie sein Herz schneller zu schlagen begann. Kurz blickten die beiden älteren Männer auf sie beide, dann setzten sie ihr Gespräch fort und beachteten sie nicht mehr.

Es geht los, sagte Werner leise, alles erledigt, und drückte Erik die Einkaufstasche in die Hand. Er setzte sich an den Tisch und wickelte seine Leberkässemmel aus dem Papier. Erik hatte das Gefühl, dass ihn alle beobachteten.

Er stand auf und machte alles so, wie sie es besprochen hatten. Er sollte sich völlig unauffällig verhalten, vor allem sollte er sich nicht umdrehen. Das war das Wichtigste. Wir brauchen jemanden, den man eigentlich gar nicht sieht, hatte Werner gesagt.

Erik spürte Werners Blick im Nacken, wie er ihn von seinem Platz am Tisch neben der Fleischertheke aus beobachtete.

Er drückte einen Euro in einen Einkaufswagen, stellte die Tasche auf das kleine erhöhte Tablett, das sich mit der Hand ausfahren ließ und passierte den Eingang zum Supermarkt. Eine kleine Kontrollrunde mit dem Wagen, um auszukundschaften, ob sich Personal in der Nähe befand, hatte Werner ihm erlaubt.

Beim Gemüsestand griff Erik sich einen Apfel, einen hellgrünen, einen einzigen. Während er den Apfel wog, konnte er unauffällig seinen Blick über den Gemüsebereich schweifen lassen. Es war niemand in der Nähe.

Langsam drehte er eine Testrunde, vorbei an den Kühlvitrinen, hinein in den Gang, in dem Wein sortiert war – dort war noch immer eine Frau damit beschäftigt, Flaschen einzuräumen. Sie rückte beiseite, ohne sich aufzurichten, damit Erik den Wagen an ihr vorbei schieben konnte. Erik sah, dass es eine ältere Mitarbeiterin war. Wenn sie schon länger im Betrieb arbeitete, hatte sie Werners Mutter sicher gekannt, dachte er.

Bei einer Partie Aktionsware – darunter Bügeleisen und Küchenmaschinen, bog er wieder zurück in den Obst- und Gemüsebereich.

Kurz riskierte er einen Blick und bemerkte Werner draußen an einem der Tische, wie er die Leberkässemmel aß.

Erik spürte sein Herz wild klopfen. Die Salatbar befand sich in der Nähe der Kühlvitrine. Direkt daneben gab es eine Tür, die in den Personalbereich führte. Werner hatte ihm eingeschärft, dass er mit dem Rücken zu dieser Tür vor der Salatbar halten sollte, damit ihn niemand überraschen konnte. Für die *Aktion* sollte er den Kartoffelsalat nehmen. Werner hatte die Salatbar nicht aus Zufall ausgewählt. Probleme mit verdorbenem Kartoffelsalat gab es öfter, das kam vor.

Erik nahm einen Plastikbecher von einem Stapel, steckte den Servierlöffel in den Kartoffelsalat und füllte den Becher. Bevor er den Löffel ein zweites Mal in den Salat steckte, griff er in die Einkaufstasche. Das Glasdöschen steckte in einer Plastiktüte. Werner hatte zwei Holzspachteln, wie sie ein Arzt zur Rachenuntersuchung verwendet, dazugegeben. Erik öffnete das Glas und fuhr mit der Spachtel in die braune Substanz, die sich darin befand. Diesen Moment hatte er gefürchtet. Was mache ich, wenn das recht stinkt, hatte er gefragt. Du hältst für zehn Sekunden die Luft an, das ist alles, hatte Werner gesagt. Erik zog die Spachtel mit der braunen Substanz aus dem Plastiksack und steckte sie in den Kartoffelsalat. Den Salatlöffel verwendete er dazu, nachzustochern und die Spachtel tief und unsichtbar im Salat zu versenken. Dann versah er den Becher, der bereits voll war, mit einem Deckel und rollte den Einkaufswagen vom Tatort weg. Die Aktion war beinahe abgeschlossen. Erik fuhr zügig und unauffällig durch den Laden Richtung Kasse. In einer Ecke, in der Reisekoffer gestapelt waren, schob er den Becher mit dem Kartoffelsalat unter eine Palette. Unterwegs nahm er noch Billigschokolade mit Nüssen mit. Die Kassierin sah ihn nicht einmal an, als er den Apfel und die Schokolade bezahlte. Neben sich hatte die Frau, an deren Revers ein Namensschild hing, einen Becher mit Trinkschokolade stehen.

Erik schob den Einkaufswagen in die Reihe zurück, nahm die Münze heraus und ging zu Werner. Die beiden älteren Männer waren verschwunden, Werner hatte die Leberkässemmel aufgegessen. Langsam gingen sie nach draußen.

Sie fuhren mit Werners altem Skoda Felicia zum Spielplatz an der Donau. Erik sollte sein Rad später abholen. Werner parkte den Wagen in der Nähe der Asphaltbahnen.

Hast dich angeschissen, fragte er. Erik schüttelte den Kopf.

Gut gemacht, sagte Werner. Dann: Ich zeig dir was. Er nahm Erik die Einkaufstasche ab. Darin befand sich noch immer der Plastiksack mit der Dose. Werner fingerte das Säckchen aus der Tasche und hatte plötzlich eine Spachtel in der Hand. Er drehte die Dose auf und fuhr mit der Spachtel in die braune Masse. Erik drehte angeekelt das Gesicht weg. Ich zeig dir was, sagte Werner.

An der Spachtel haftete eine hellbraune Masse. Werner nahm die Spachtel in den Mund und schleckte die Masse ab.

Erik gab einen Laut der Abscheu von sich. Jetzt begann Werner zu lachen. Er lachte so sehr, dass es ihn schüttelte. Er setzte sich auf die hölzerne Umrandung der Asphaltbahn und lachte, bis ihm die Tränen kamen.

Erik hatte noch immer nicht begriffen. Spinnst du, fragte er und drehte sich um, ob sie auch niemand beobachtete.

Ein Test, lachte Werner. Ein Test, schrie er. Erdnussbutter, sagte er, fuhr mit dem Finger in die Dose und hielt sie ihm an den Mund. Kannst kosten, sagte Werner lachend. Erdnussbutter!

Auf der Rückfahrt von Denzels Häuschen zwischen den Feldern hatte Werner plötzlich angedeutet, dass er etwas plante.

Sie hatten sich bei den Feldkirchner Badeseen getroffen, hinten am See mit der Wasserskianlage. Die ganze Gruppe. Mario, der eine Lehre als Schildermaler absolvierte und in seiner Freizeit Fußball spielte, Otto, der Glatzkopf mit den O-Beinen, von dem Erik nicht wusste, was er so trieb, Denzel, der gemeinsam mit seinem Bruder in dem Häuschen wohnte, das früher seiner Großmutter gehört hatte, schließlich Werner. Dass Werner in einer Autowerkstatt arbeitete, wusste Erik bereits. Eigentlich war es verwunderlich, dass die Gruppe ihn akzeptierte. Erik war mindestens drei Jahre jünger als die anderen. Werner hatte ihn sogar in Schutz genommen, als Otto versuchte, ihn wegen seiner abstehenden Ohren zu hänseln. *Halt sie zusammen*, hatte Werner gesagt und Otto hatte nicht mehr blöd gemeldet.

Sie waren im See geschwommen und dann zu Denzel gefahren, um zu grillen. Ein heißer Sommerabend, die Luft lau bis lange nach Sonnenuntergang. Sie hatten Basketball gespielt – der Korb hing über dem Eingang zum Schuppen,

in dem das verstaubte Schlagzeug von Denzel stand, an dem
sich Otto später versuchte. Denzel hatte seine Gitarre im
Hof aufgebaut, daneben einen kleinen Verstärker aufgestellt
und schräge Akkorde geschrammt.

Sie saßen um den improvisierten Grill auf alten, aus-
rangierten Gartenplastikmöbeln, die Denzel von der Altwa-
rensammelstelle organisiert hatte und aßen fette Würste auf
Papptellern. Dazu tranken sie Bier und Cola. Alle bis auf
Mario rauchten, sie boten auch Erik eine an. Wer pissen
musste, ging bloß um die Ecke und schiffte in den angren-
zenden Acker. Fern am Horizont war ein Spalt zwischen
zwei dunklen Wolkenwülsten auszumachen, es sah so aus,
als wäre die Sonne in ihn hinein gekrochen. Dort brannte es
orange bis dunkelrot. Später blinkten Flugzeugwarnleuch-
ten am Himmel.

Sie akzeptierten Erik, weil sein Vater erschossen worden war. Das machte ihn interessant. Es schien beinahe, als
bewunderten sie ihn dafür. Fast alle hatten davon in der
Zeitung gelesen, Werner forderte Erik auf, zu erzählen, wie
das gewesen war. Otto hatte eine Sonnenbrille über seine
wulstige Nase geschoben, es schien, als schliefe er. Aber er
hörte aufmerksam zu.

Erik war bei seiner Mutter aufgewachsen. Seinen Vater,
der Harald hieß und von allen nur Harry genannt worden
war, hatte er selten gesehen, die Eltern hatten sich schon
vor seiner Geburt getrennt. Sabine, seine Mutter, arbeitete
als Altenhelferin. Sie hatte oft über seinen Vater geklagt,
weil er die Alimente gar nicht oder viel zu spät zahlte. Zum
Geburtstag und zu Weihnachten ließ Harry sich aber nicht
lumpen und lud Erik regelmäßig ein, zum Mac oder auf einen Döner. Gelegentlich waren sie auch gemeinsam ins Kino
gegangen. Wirklich kannte Erik seinen Erzeuger nicht. Als
Kind hatte er ihm manchmal Fragen gestellt, auf die Harry

oft nur ausweichend geanwortet hatte. Später stellte Harry die Fragen und Erik sagte wenig.

Davon erzählte Erik nichts. Bloß das waren seine Sätze gewesen: Mein Vater war Privatdetektiv. Er ist im Dienst erschossen worden. Im Böhmerwald. Wahrscheinlich von einem tschechischen Dealer.

Jeder aus der Runde hätte eine ähnlich coole Geschichte aus seinem Leben erzählen können. Werner hatte Erik die Gruppe schon vorher, bei der Fahrt im Auto, vorgestellt. Denzel war bei seiner Oma aufgewachsen; als sie starb, war er mit seinem volljährigen Bruder in dem Häuschen geblieben. Mario war angeblich als kleines Kind von seiner Mutter vor einer Apotheke abgelegt worden und bei einer Pflegefamilie aufgewachsen. Kein Scheiß, sagte Mario oft. Auch Werner lebte allein bei seiner Mutter. Sein Vater war eines Tages zu einer anderen Frau gezogen und wollte von seinem Sohn nichts mehr wissen. Nun hatte er eine neue Familie und es gab Geschwister, die Werner noch nie gesehen hatte.

Sie waren um die Grillstelle gesessen, Denzel hatte die immer gleichen Akkordfolgen gespielt, bis Werner ihn gebeten hatte, leiser zu drehen. Und Erik hatte weitere Sätze von Werner aufgeschnappt. Das Leben ist scheiße, aber wir können selber entscheiden, ob wir oben schwimmen oder untergehen. Keiner von uns ist auf die Butterseite gefallen. Die auf der Butterseite leben, sollen spüren, dass es uns gibt.

Werner war der Anführer, das war klar. Irgendein Plan verband sie, weswegen sie sich trafen. Da gab es Regeln, die eingehalten werden mussten. Und den richtigen Zeitpunkt, der abzuwarten war. Sie sprachen in Andeutungen. Ein Haus in Tschechien am Stausee spielte eine Rolle. Da sollte noch etwas ausgekundschaftet werden.

Sie sprachen weiter, als Erik in die Küche geschickt wurde, um Senf und Ketchup zu holen. Auf dem Herd standen angebrannte Töpfe, in der Abwasch stapelte sich schmutziges Geschirr. Neben einem überquellenden Abfallkorb entdeckte Erik eine verstaubte Mausefalle. Als er wieder nach draußen ging, hatte er das Gefühl, dass die anderen über etwas gesprochen hatten, was er nicht wissen sollte. Vielleicht hatten sie auch über ihn geredet.

Werner hatte einen Plan. Vielleicht hatte der mit seiner Mutter zu tun. Werner hatte ihm von ihr erzählt, als sie allein gewesen waren. Werners Mutter war entlassen worden. Sie war Kassierin in einem Supermarkt gewesen. Ein paar Mal hatte die Kasse nicht gestimmt, darauf hin war sie gekündigt worden. Ohne Beweise. Es war immer nur um kleine Beträge gegangen. Ein paar Monate später hatte sie Brustkrebs bekommen. Sie bekam Bestrahlungen, es ging ihr schlecht.

Sie hat geschuftet, damit ich mir die Schule leisten konnte, sagte Werner.

Nach ihrer Entlassung hatte sich niemand für sie eingesetzt. Offenbar gab es einen Hauptverantwortlichen für die Kündigung. Einen Schuldigen. Werner kannte den.

Solche Sätze merkte sich Erik: Die denken nur an sich. Wir müssen für uns kämpfen, sonst kämpft keiner für uns. Was uns nicht umbringt, macht uns nur härter. Wer zu uns gehört, hat gespürt, wie Scheiße schmeckt. Spießer haben bei uns nichts zu suchen. Hass gehört zum Leben. Unrecht gehört bestraft.

Sie fuhren durch die Dunkelheit über schmale Feldwege. Links und rechts wogten Felder, Gerste, Weizen, Mais, der erst kniehoch stand, an einer Stelle sogar Schilfrohr: Ist ein Versuchsfeld, sagte Werner, als sie daran vorbei fuhren. Hinter ihnen im Außenspiegel verschwand der letzte Rest von Tageslicht hinter den Wolken. Ein Auto kam ihnen entgegen. Lange, bevor sie aneinander vorbei fuhren, hatten sie den fremden Lichtschein über die Felder huschen gesehen.

In der Dunkelheit begann Werner plötzlich zu sprechen. Du musst dich entscheiden, ob du mitmachst, sagte Werner. Ich muss dir vertrauen. Die Sache im Markt neulich, die war Kinderkram. Du hast dich nicht angeschissen, das war gut. Du kannst dir die Sache noch durch den Kopf gehen lassen. Es geht um den Manager der Supermarktkette. Ich weiß, wie er heißt, ich weiß, wo er wohnt, sagte Werner. Ich weiß, wie er wohnt. Wir wissen alles über ihn, sagte er. Was seine Frau macht. Was die einkauft. Wir wissen, wo er joggt. Er hat auch eine Tochter, sagte Werner. Er sagte das Wort *Partytussi*.

Wer nicht hören will, muss fühlen, sagte Werner. Das Schwein hat meine Mama ausgelöscht, sagte Werner. Er hat sie ausgetreten. Man muss spüren, wie das ist. Ausgetreten werden. Du bist der jüngste von uns, sagte Werner. Du wirst nichts Gefährliches tun. Wir brauchen Leute für die Versorgung, wir brauchen Leute, die Dinge für uns erledigen. Du bist jung, du bist noch nicht einmal sechzehn. Du bist mein Mann, wenn du willst, sagte Werner.

Sie schwiegen, bis sie zur Hauptstraße kamen.

Am Bahnhof Ottensheim ließ Werner Erik aussteigen. Du kennst den Typen, sagte Werner. Ich bin mir sicher, dass du ihn schon einmal gesehen hast. Du rufst mich an, wenn du weiter zu uns gehören willst.

Ich rufe an, sagte Erik.

Zu Mittag traf er seine Mutter im Schnitzelland bei der Rudolfplatzkreuzung. Erik wählte das Aktionsmenü mit Schnitzel und großer Cola, Sabine einen Putensalat.

Sabine hatte ihr Handy neben dem Tablett liegen und füllte das Formular ihrer letzten Betreuung aus, während sie aß. Zwischen ihrem und seinem Tablett lag das Kärtchen mit dem Treuebonus. Auf dem Kärtchen waren sechs Zitronen aufgestempelt. Für zehn Zitronen gab es eine Nachspeise gratis.

Sie saßen direkt am Fenster, draußen strömte der Verkehr Richtung Nibelungenbrücke, ein älterer Fußgänger mit einer karierten Mütze auf dem Kopf blieb direkt vor der Scheibe stehen und starrte auf ihr Essen. Er ging erst weiter, als Erik zurück starrte. Sabine war noch immer damit beschäftigt, ihr Formular auszufüllen, ihr war der Alte gar nicht aufgefallen.

Als sie mit dem Salat fertig war, begann sie mit dem Verhör. Erik hatte genug Zeit gehabt, sich darauf vorzubereiten.

Und, wie war der Termin, fragte sie.

Erik kramte, wie er es geplant hatte, lange in seiner Tasche.

Ich hoffe, du warst dort, wiederholte Sabine. Schau mich an, sagte sie. Das sagte sie oft, wenn sie versuchte, ihre Autorität zu unterstreichen. Er wich ihrem Blick nicht aus.

Sicher war ich dort, sagte Erik.

Dann legte er ihr den Zettel vom AMS auf den Tisch. Irgendwo unten stand die Adresse eines Autohauses, bei dem zu melden ihm der Berater aufgetragen hatte. Ganz unten eine krakelige Unterschrift. Kein Stempel. Das würde Sabine wahrscheinlich gar nicht auffallen.

Sie haben gesagt, dass sie zurückrufen, sagte Erik.

Du warst dort, fragte Sabine. Ihre Stimme klang ein wenig schärfer, die Härchen auf ihrer Oberlippe waren deutlich zu sehen. Vielleicht lag es am künstlichen Licht im Laden.

Hab ich doch gesagt, sagte Erik.

Mit wem hast du geredet, fragte Sabine.

Mit so einem Typen halt, sagte Erik.

Und, fragte Sabine.

Sie rufen zurück, sagte Erik.

Sie runzelte die Stirn und schüttelte den Kopf, aber sie gab sich zufrieden. Sie hatte keine Zeit und, seit sie mit Scherer zusammen war, auch etwas anderes im Kopf, als sich um seine Jobsuche zu bemühen. Scherer war der frühere Partner des Vaters gewesen. Nach einem Streit war er aus der Firma ausgeschieden. Nachdem Papa erschossen worden war, hatte Scherer die Firma wieder übernommen. Und die Freundin gleich dazu.

Sie saßen da und schwiegen. Vorne an der Theke klapperte jemand mit Besteck, die Kasse piepste.

Erik überlegte, ob er das Stück Zitrone, das er über dem Schnitzel ausgedrückt hatte, aussaugen sollte. Das hatte er als Kind gern gemacht. Er ließ es dann doch bleiben.

Ich treffe jetzt Manfred auf einen Kaffee. Dann fahre ich nach Wels zum Alten, sagte Sabine. Wenn du willst, kannst du mitfahren. Dann fahren wir anschließend gemeinsam nach Hause.

Der Alte, das war ein pensionierter *Gendarm*, wie das früher geheißen hatte, den Sabine seit Jahren betreute. Der Typ litt an Demenz. Dem fiel nicht einmal auf, wenn Sabine jemanden zum Dienst mitnahm, und wenn es ihm auffiel, dann hatte er es zehn Minuten später schon wieder vergessen.

Früher, als sein Vater noch gelebt hatte, hatte Erik Sabine manchmal dorthin begleitet, obwohl das verboten war. Im Haus des Alten gab es viele interessante Ecken zum Stöbern.

Dann läutete Sabines Handy. Scherer war dran.

Wir sind im Schnitzelland, sagte Sabine aufgeräumt. Sie war mit dem Salat fertig geworden, vor ihr lag, zu einem Häufchen geknüllt, eine gebrauchte Papierserviette mit Fettspuren.

Erik versuchte sich vorzustellen, wie Scherer im Hinterzimmer des Privatdetektivbüros mit Sabine poppen würde, nichts anderes bedeutete es, wenn sie davon sprach, *einen Kaffee* mit ihm trinken zu wollen. In der Mittagspause. Die Vorstellung misslang.

Kurz darauf stand schon Scherer draußen am Gehsteig, wo zuerst noch der alte Mann mit der Mütze gestarrt hatte. Scherer klopfte an die Scheibe und grinste. Sabine schnappte ihre Handtasche und stand auf. Sie konnte es offenbar nicht mehr erwarten, *Kaffee zu trinken.*

Und du, fragte sie, schon im Stehen.

Ich fahre mit dem Zug nach Hause, sagte Erik. Er hatte beschlossen, die Spielhalle aufzusuchen, die sich in der Nähe befand.

Draußen stand Mandi Scherer und klopfte noch einmal an die Scheibe. Erik winkte ihm lässig zu.

Also dann, sagte Sabine. Ich bin jetzt weg, sagte sie und ging.

Erik hatte sein Cola noch nicht ausgetrunken und blieb sitzen. Durch die Scheibe beobachtete er, wie Sabine Mandi umarmte und sich dann bei ihm einhängte. So zogen sie los, in Richtung Neues Rathaus, wo vermutlich Scherers Wagen stand.

Tagsüber war es jetzt so heiß, dass Erik meistens zu Hause blieb. Er stand spät auf, frühstückte oft erst nach Mittag. Da saß er schon vor dem Fernseher und schaute die Übertragung der Tour de France, stellte sich vor, wie es wäre, als Leipheimer im Feld mitzufahren, oder wenigstens im Tross, als Mechaniker in einem Begleitfahrzeug oder als Kameramann auf einem Motorrad oder in einem Hubschrauber. Frankreich, das war ein grünes, bewaldetes Land mit vielen kleinen Dörfern, die in Schluchten hockten, die ein Gebirgsfluss ausgegraben hatte, mit alten steinernen Kirchen, die ihre Türme in den Himmel reckten. Und einmal im Jahr zischte das Feld der Radfahrer durch den Ort und alles war auf den Beinen, um für Sekunden nur einen Blick auf die Stars zu werfen, die auf dem Weg in die ferne Hauptstadt waren.

Abends, wenn es allmählich kühler wurde, spielte Erik die Tour in der Ebene von Ottensheim donauaufwärts Richtung Kraftwerk nach. Er hatte sich ein paar Runden ausgedacht, durch die Obstgärten, direkt am Damm an der Donau, vorbei an den Badeseen, vorbei am Häuschen, in dem Denzel wohnte, eine Strecke führte auch durch die Siedlung, in die der Manager mit seiner Familie wohnte. Erik kannte den breiten, dunklen SUV, der abends oft in der Garageneinfahrt stand. Eine hohe Hecke schränkte den Blick auf den Garten ein, aber vom Rad aus war ein Blick auf die erhöhte Terrasse und den Swimmingpool möglich.

Die nächste Aufgabe war leicht. Regelmäßig gegen Abend, wenn sich der Parkplatz vor dem Einkaufscenter langsam leerte, kam die Frau des Managers, um ihre Einkäufe zu machen. Aus Gewohnheit oder auch, weil ihr Mann ihr das geraten hatte, parkte die Frau auf der Rückseite des Centers, von wo man erst ein Sportgeschäft durchqueren musste, um zu den anderen Geschäften zu gelangen. Auf der Rückseite parkten eher die Angestellten des Centers, dort war es abends noch ruhiger. Erik brauchte bloß dreimal um den Wagen zu gehen, in seiner rechten Hand ein Stanleymesser, das er einen Fingerbreit ausgefahren hatte. Er zog eine Spur rund um das Auto, als Metall an Metall kratzte, gab es ein leicht singendes Geräusch. Es sah aus, als hätte jemand ein nicht ganz akkurat gezogenes Band um den Wagen gespannt.

Du bist erst fünfzehn, sagte Werner. Wer zu uns gehört, muss hundertprozentig funktionieren. Hundertzwanzigprozentig. Feiglinge haben bei uns nichts zu suchen. Damit das klar ist. Vielleicht versuchte Werner, ihn einzuschüchtern. Erik musste an Harry denken, auch der hatte manchmal so auf ihn eingeredet.

Sie saßen im Schatten eines Baums am Rand des Strandes auf der Donauinsel in der Nähe der Ruderstrecke. Weiter vorne Richtung Wasser, etwa fünfzehn Meter von ihnen entfernt, lag eine Frau, vielleicht dreißig, fünfunddreißig Jahre alt, völlig nackt ausgestreckt auf einer Decke am Rücken und las in einem Taschenbuch. Erik hatte den Eindruck, die Brustwarzen der Frau wären steif, vielleicht bildete er sich das auch nur ein. Er war noch nie auf einem Nacktbadestrand gewesen.

Du wirst dir denken, was soll der Scheiß, sagte Werner. Aber wir müssen auf Nummer sicher gehen. Wir müssen auch daran denken, was passiert, wenn etwas anders läuft als geplant, sagte er. Du wirst nichts Gefährliches machen. Du wirst für uns einkaufen gehen, vielleicht in ein Bauhaus, vielleicht in einen Großmarkt. Wenn etwas schief geht, darf niemand die Nerven verlieren. Deswegen machen wir das alles.

Werner saß da in kurzen Hosen, auf seine Arme gestützt, seine bloßen Füßen ragten aus dem Schatten, er schaute gerade aus, er konnte nicht sehen, was Erik sah. Die nackte Frau, die nichts am Körper trug als eine Sonnenbrille, hielt sich mit der rechten Hand das Taschenbuch wie einen kleinen Sonnenschirm vor die Augen, ihre linke Hand lag in der Zwischenzeit auf ihren braunen Schenkeln. Oder dazwischen. Und ihre Brustwarzen waren aufgerichtet, da war Erik sich jetzt ziemlich sicher.

Jeder hat eine Grenze, irgendwo, sagte Werner. Das ist normal. Manchmal muss man sich überwinden. Das kann man üben. Ich sage nicht, dass du soweit gehen musst, wenn die Aktion anläuft. Aber wenn es nötig ist, solltest du es können.

Der Kater gehörte einem Mädchen aus der Nachbarwohnung, Marie. Das Mädchen hatte ihn im Tierheim mit seiner Mutter ausgesucht. Sie nannten ihn Aladin, wegen seiner leuchtend gelben Augen, die aus seinem tiefschwarzen Fell hervorblitzten. Augen, die leuchteten wie eine Wunderlampe. Mit verletzter Pfote war er gefunden worden, seine dramatische Geschichte hatte Erik mehrmals gehört. Die Wunde war längst verheilt, nun konnte er wieder normal laufen, klettern und springen.

Vormittags, wenn Marie in der Schule war und ihre Mutter in der Arbeit – sie arbeitete als Verkäuferin in einem Elektroladen im Ort – spazierte Aladin gern von einem Balkon zum anderen. Sabine hatte einen Napf aufgestellt, daneben einen Sack mit Trockenfutter. Erik brauchte nichts tun, als das schnurrende Paket, das um seine Beine strich, aufzuheben und zu streicheln.

Er hob Aladin vorsichtig in den schwarzen Rucksack, in den er vorher schon Futter gestreut hatte. Im Rucksack würde dem Kater genug Platz zum Atmen bleiben.

Den Rucksack klemmte er auf den Gepäckträger. Als das gelbe Auto der Post vorfuhr, schwang er sich aufs Rad. Minuten später war er unterwegs quer durch die Streuobstwiesen Richtung Badeseen. Die Sonne brannte vom Himmel, in seinem Kopf war er wieder ein Radprofi der Tour de France, ein Mann aus dem Team von Lance Armstrong, kein Spitzenfahrer wie Contador, sondern Levi Leipheimer, der Wasserträger, der an guten Tagen auch eine Etappe gewinnen konnte.

Erik trat in die Pedale, bis er seinen Puls laut pochen hörte, bis er den Schmerz in der Lunge spürte. Der Kater im Rucksack blieb ruhig.

Er fuhr zu dem Haus, in dem Denzel mit seinem Bruder wohnte. Denzel lag noch im Bett. Erik nahm Aladin, der die Fahrt unbeschadet überstanden hatte, aus dem Rucksack. Es bestand keine Gefahr, dass ihm die Katze davon lief, solange er sie mit Futter versorgte. Der Tag zog sich. Erik versenkte eine Serie von Würfen im Basketballkorb, später setzte er sich in der Garage an das Schlagzeug und klopfte mit der Fußtrommel leise einen Rhythmus. Er wollte Denzel nicht wecken.

Dann legte er sich auf eine der Sonnenliegen, die im Garten neben dem Häuschen standen und schaute in den Himmel. Der Himmel war wolkenlos, erst jetzt fiel ihm auf, wie viele Flugzeuge den Horizont kreuzten. Erik lag nicht lange, da hatte sich Aladin in seine Armbeuge gekuschelt. Irgendwann war Erik eingeschlafen, ehe ihn laute Musik weckte.

Denzel war aufgestanden, nur in Unterhosen und mit nacktem Oberkörper trug er Kaffee auf und lud Erik zum Frühstück ein. Es gab Speckscheiben direkt aus der Plastikverpackung und Brot, das schon ziemlich hart war. Den Kater registrierte Denzel mit einem knurrenden Lachen. Es gab Mäuse im Haus, ein Kater konnte sich da nur nützlich machen.

Kannst Musik hören, hatte Denzel noch gesagt, ehe er kurz nach Mittag mit seinem Moped verschwand. Er müsse noch etwas besorgen.

Werner kam gegen sechs. Erik hatte Aladin den ganzen Tag über mit Wasser und Futter versorgt, unmittelbar bevor Werner aus dem Skoda ausstieg, streifte Erik das Tier vorsichtshalber vom Bauch. Werner sollte nicht den Eindruck bekommen, dass ihm an dem Kater etwas lag.

Sie fuhren zum Badesee schwimmen. Auch gegen Abend war das Gelände noch gut besucht. Die Katze bleibt

149

im Rucksack, hatte ihm Werner eingeschärft, Haustiere durften ohnehin nicht ins Wasser, Werner wollte nicht, dass sie Badegäste auf sich aufmerksam machten. Zwischendurch tauchte Otto einmal auf, er hatte sich das linke Ohr mit einem Metallring piercen lassen, nach Arbeitsschluss war auch Mario noch zur Gruppe gestoßen. Sie zogen Mario auf, weil das Gerücht aufgekommen war, dass er eine Freundin hätte. Mario war rot geworden und hatte alles bestritten.

Der Tag war lang. Gegen neun Uhr am Abend ging die Sonne unter. Jetzt erst leerte sich das Gelände, von einer Taverne, hunderte Meter entfernt, drang Licht.

Zu zweit, Otto und Mario hatten sich verabschiedet, schlenderten sie zum Motorikpark, wo man an verschiedenen Stationen Übungen absolvieren konnte. Werner hatte den Pendelbogen ausgesucht. An einem Bogen aus Stahl hing ein Drahtseil, an das ein Bügel befestigt war.

Nicht mehr überlegen jetzt, sagte Werner und schnappte nach dem Kater, der sich schnurrend alles gefallen ließ. Werner band dem Tier ein Seil um die Hinterpfoten und hängte es an den Bügel. Jetzt fauchte Aladin ein wenig und blitzte mit seinen gelben Augen, sodass Werner Erik bat, das Tier so lange zu halten, *bis es losgeht*, wie er sagte.

Werner hatte in einer Plastikflasche Benzin mitgebracht. Damit funktioniert es hundertpro, sagte er und besprühte den Kater mit dem Benzin. Aladin schüttelte sich kurz und paddelte mit den Krallen. Überall roch es jetzt nach Treibstoff.

Dann hing Aladin frei am Bügel. Sie standen in der Senke des Pendelbogens, einem kleinen künstlichen Krater, der mit Gummimatten ausgelegt war. Der Platz lag abgelegen von den Badeseen und war von keiner Seite außer vom kleinsten der Seen einsehbar, einer Lacke am Rand des Geländes, die kaum zum Baden benutzt wurde.

Nicht nachdenken, sagte Werner und hielt Erik das Feuerzeug hin. Erik hatte keine Lust mehr, den Kater anzusehen.

Ich gehe zum Parkplatz, sagte Werner, und warte im Auto. Wenn du fertig bist, gehst du schnell weg. Und dreh dich nicht um. Das ist das Wichtigste. Nicht umdrehen.

Werner wartete mit laufendem Motor. Sie fuhren und schwiegen. In das Schweigen hinein spürte Erik noch immer, wie er den Bügel mit dem brennenden Kater in Schwingung versetzte und hörte er, wie der Kater aufgejault hatte. Es war ein Jaulen gewesen ähnlich dem einer rolligen Katze im Frühjahr. Nur lauter.

Als sie auf die Bundesstraße einbogen, sagte Werner einen Satz: Jetzt gehörst du zu uns.

Erich Weidinger

Sauna Impressionen

Normalerweise würde er so kurz vor Weihnachten einen Besuch in einer Therme meiden. Zu viele Menschen, zu viel Lärm. Der Gutschein sollte aber sofort eingelöst werden. Solange er niemandem abging, war es auf jeden Fall sicherer. Die Gutscheinnummer wäre noch nicht nachzuverfolgen. Der Brief ist ihm im wahrsten Sinne des Wortes vor die Füße geflattert. Er ging an einem Briefträger vorbei, der gerade ein Wohngebäude betrat. Die rechte Hand des Boten zog wie gewohnt eine Menge Papier aus einer großen Tasche und die Linke hielt eine schwere alte Tür auf. Dabei verselbstständigte sich ein Kuvert und kam wie auf einer unsichtbaren Rutsche auf Lehner Ludwig zu. Dieser hob das Papier auf und hielt es in Richtung des Eingangs, in dem der Mann verschwunden war. Die Tür war ohne Schlüssel nicht zu öffnen. Der Finder blickte in beide Richtungen der Straße die Hausfassaden entlang. Er war ganz allein. Die Fenster der Gebäude waren wegen der Kälte geschlossen. Kein Hausbewohner lehnte am offenen Fenster, um das Leben der kleinen Welt in dieser Straße zu beobachten, zu kommentieren und manche Menschen zu denunzieren, wie es sonst im Sommer in vielen österreichischen Städten vor sich geht. So steckte er den Brief in seine Jackentasche und spazierte ein paar Blocks weiter in die Vogelweiderstraße, in der er wohnte.

Zuhause, beim Zubereiten seines Lieblingsgetränkes im Winter, einer Teemischung aus Zimt, Kardamom, Ingwer und Nelken, löste er über dem Wasserdampf die Klebeleiste des Kuverts. Der Brief war an eine Frau Eder Ludmilla, Bonellistrasse in Wels adressiert. Der Absender auf der Rückseite war verschmiert. Lediglich den Namen Hemetsberger und Gunskirchen konnte er entziffern. Er fühlte mit seinen Fingern, dass es kein normaler Brief war, dazu war er zu steif. Gespannt wie ein kleines Kind vor seinem Geburtstagspäckchen saß er mit seiner Teetasse am Küchentisch und zog langsam den Inhalt des Kuverts heraus.

Ein Billett mit einem Foto eines Sonnenblumenfeldes verkündete folgende Geburtstagsgrüße:

„Liebe Tante Milli. Alles Liebe zu Deinem 56.Geburtstag. Damit Du weiterhin so gesund und fit bleibst, schicken wir Dich einen Tag in die Therme Bad Schallerbach, wo du Dich doch so gerne aufhältst. Schwimm für uns eine Runde mit. Alles Liebe Bertl und Michi!

PS.: Die Gutscheine gelten auch für Bad Hall und Bad Ischl."

Drei Gutscheine im Wert von je 10 Euro waren beigelegt.

Lehner Ludwig war Berufsschullehrer und hatte die Frühpensionierungswelle für Lehrer ausgenützt. Durch die Mitarbeit an mehreren Schulbüchern hatte er sich einen guten Nebenverdienst geschaffen. Weiters schrieb er seit geraumer Zeit unter einem Pseudonym wöchentlich Kolumnen für eine oberösterreichische Tageszeitung, in der er so etwas wie ein „Thomas Bernhard" für das einfache Volk sein wollte.

Er hatte bereits vor vielen Jahren gelernt, die Hand auszustrecken, offen zu halten und bei manchen Gelegenheiten auch zuzugreifen oder gar nachzugreifen. Durch diese besonderen Zuwendungen und Zueignungen konnte er neben der großen Wohnung in Wels zusätzlich das ererbte kleine Sommerhäuschen am Attersee erhalten und renovieren. Seine Frau hatte er vor ungefähr 20 Jahren bei einem Urlaub am

Gardasee an einen attraktiveren und wohlhabenderen Mann, einen Kärntner Restaurantbesitzer verloren. Ludwigs Vater hatte ihm bereits als Kind eingetrichtert, dass das Leben ein ständiger Lernprozess sei und man alles Negative ins Positive kehren könne. So war die Abwerbung seiner Frau für ihn die Veranlassung, in Zukunft mehr auf sein Äußeres zu achten. Monate später fruchtete dies in vielen losen Beziehungen und weiteren unvorhersehbaren materiellen Zuwendungen.

Er betrachtete sich nicht als Dieb oder Krimineller. Nutzten doch viel bedeutungsvollere Menschen die Chancen, aus ihrem Leben und Vermögen mehr zu machen. Warum sollte er auf optimale Gelegenheiten verzichten? Bis jetzt hatte er niemanden verletzt oder getötet. Wenn er die gewollte Sache nicht freiwillig bekam, beklaute er nur Mitmenschen, denen der Verlust ihrer Sache kaum bewusst war. Selten war es ein vorsätzliches Agieren, da sich vieles von selbst ergab, wenn man nur aufmerksam genug war. Wurde die Sache öffentlich, so bediente man sich eines typisch österreichischen Phänomens: einer Ausrede!

„Das war ich nicht" oder „Das wollte ich nicht" oder „Das war nicht so, ich meinte...." und ähnliche Floskeln wurden schon von mehreren honorigen Bürgern erfolgreich angewendet.

Und so hob er zwei Tage vor Weihnachten den Brief vor seinen Füßen auf. Wahrscheinlich wäre dieser im Schneematsch versunken und von irgendjemandem als schmutziges Papier entsorgt worden. Moral war in solchen Fällen fehl am Platz. Warum auch...

Zuletzt war er vor ein paar Jahren in Bad Schallerbach gewesen. Vor dem Umbau und der Erweiterung. Am liebsten waren ihm bei allen Thermen die Saunalandschaften. Hier fühlte er sich sehr wohl. In seiner Nacktheit war man am anonymsten. Jeder zeigte sein ureigenstes und persönlichstes Hab und Gut. Man war in diesen Stunden auf Körper und Geist reduziert. Dort war für niemanden ersichtlich, was jemand im gesellschaftlichen Leben darstellte. Ludwig hatte einmal gelesen, dass die Finnen, angeblich die Erfinder der Sauna, durch die Nacktheit die gesellschaftlichen Grenzen aufheben wollten. Diese Idee gefiel ihm und er war, wie so viele andere, im Saunabereich mit jedem per Du, was er im beruflichen Leben ablehnte. Hier konnte man nichts geben und nehmen außer einem Lächeln und ein paar Worten.

An diesem 23. Dezember boten die Parkflächen an der Therme noch einige Plätze. Lehner Ludwig schulterte die Tasche mit seinen Wellnessutensilien, Handtüchern und Bademantel und fügte sich ordentlich in die Reihen ein, die sich vor zwei Kassen gebildet hatten. Er hasste das Anstellen in Reihen. Sein ganzes Leben war beherrscht vom Anstellen und Reihenbilden. War es im Kindergarten, in den Schulen, im Turnverein oder beim Bundesheer. Im Urlaub am Flughafen, bei der Grenzkontrolle und im Hotel am reichhaltigen Buffet. Nicht selten verspürte er Lust, die große Fleischgabel dem Drängenden neben ihm in den fetten Bauch zu rammen. Sogar der Tod reiht sich ein, denn die Schlange hinter dem Sarg wird die letzte Reihe sein. Obwohl er des Öfteren das Verhalten beim Anstellen psychologisch analysiert hatte, konnte er seine negative Erwartungshaltung nicht ablegen. Er war immer in der falschen Reihe. Egal ob beim Stau auf der Autobahn oder hier. Die Schlange neben ihm kam immer schneller voran. Vor ihm war ein um ein paar Jahre älterer Mann mit einer Glatze. An der Kasse fing dieser an, sich über die verschiedenen Arten von Gutscheinen zu informieren. Lehner betrachtete eingehend den Hinterkopf des Mannes, um sich anderen Gedanken hinzugeben. So einen Eierkopf hatte er in seinem Leben noch nie gesehen. Der schmale Haarkranz im Nacken ließ den Betrachter an einen überdimensionalen Eierbecher denken. Wie sich das „Begreifen" dieses Schädels wohl anfühlte? Würde ein normaler Hut von selber halten, oder konnte der Kopfträger im Winter nur eine Haube tragen?

Nachdem in der rechten Reihe neben ihm weitere fünf Besucher den Kassenbereich passierten, drehte sich der Eierkopf um und gab den Weg frei. Endlich!

Die Gutscheine wurden anstandslos akzeptiert und Ludwig konnte sich im Umkleidebereich seiner Straßenbekleidung entledigen. Die Metallspinde erinnerten ihn immer wieder an seinen Wehrdienst, den er bei den Panzergrenadieren in Ried im Innkreis ableisten „durfte". Seither, und es ist schon sehr lange her, fuhr er nur äußert selten und ungern nach Ried. Der österreichische Staat hatte dazu beigetragen, dass wahrscheinlich viele Männer negative Assoziationen zu einer oberösterreichischen Stadt haben. Und das wird sich nach vergangener Volksbefragung weitere Jahre nicht ändern.

Ob sich das in anderen Bundesländern ähnlich verhält?

Das Chiparmband steckte er in seine Bademanteltasche, da er bei Aluminiumverschlüssen allergisch reagierte. In anderen Thermen gab es die Metallverschlüsse nicht mehr. Manche Besucher befestigten diese über dem Fußgelenk. Ein Ausschlag am Handgelenk, den er sechs Wochen nicht wegbrachte, genügte ihm und am Fuß wollte er es erst gar nicht versuchen.

Im Ruhebereich fand er rechts außen eine freie Liege. Er mochte es nicht, zwischen zwei fremden Menschen zu liegen, da er meistens zu schnarchen begann, wenn er mit aufgerichtetem Kopf einschlief. Die Tasche konnte er neben sich hinstellen. Hinter ihm gab ein Schild die Info, dass die Liegen abgeräumt werden, wenn sie nicht belegt sind.

Das ist zwar oftmals lästig, aber auch einzusehen, da er sich selber ärgerte, wenn er keinen Platz fand und 20 Liegen vor ihm nur mit Handtüchern und andern Sachen belegt waren. Ehe er einen Rundgang startete, wollte er es sich hier bequem machen und mit seinen Utensilien die Liege zu „seiner" machen. Ein gelbes, großes Badetuch diente ihm als Unterlage, auf die er sich mit angezogenem Bademantel legte, um sich ganz zu entkleiden, war ihm noch zu wenig warm. Die Liege zur linken Hand war mit einem gestreiften Badetuch und einem Buch belegt. Bei dem Titel musste er fast laut Auflachen.

„Von Dschalalabad nach Bad Schallerbach"

Lehner griff ungeniert nach dem Buch. Dem Klappentext konnte er entnehmen, dass der Autor Erwin Einzinger gar nicht weit weg von hier lebte. Er meinte sich erinnern zu können, dass der Schriftsteller vor ein paar Jahren den Mondseer Lyrikpreis gewonnen habe. Er nahm sich vor, diesen Band in den nächsten Tagen in einer Buchhandlung zu kaufen.

„Gefällt Ihnen mein Buch?"

Die Stimme kam von einem graubärtigen, hageren Mann, der auffallend dicke Augenbrauen hatte.

„Oh Entschuldigung, ich habe nur den Klappentext gelesen. Bei dem Titel musste ich einfach nachsehen, was das für ein Buch ist. Wie ist es?"

Ludwig reichte ihm das Buch hinüber, während der Mann die Liege neben ihm einnahm.

„Keine Ahnung, ich habe es schon seit längerem, und heute wollte ich damit anfangen, aber sie wären mir fast zuvorgekommen." Mit diesen Worten nahm der Bärtige sein Buch zurück, rutschte sich mit seinem Gesäß auf dem Badetuch in bequeme Lage und begann zu lesen, was für Lehner soviel bedeutete wie „Lass mich bitte jetzt in Ruhe".

Erst jetzt bemerkte er, dass der Mann stark nach Nikotin roch. Wahrscheinlich kam er von außen, im Gebäude gab es keinen Raucherbereich. Ludwig meinte, sein Gesicht zu kennen und sein Gehirn versuchte herauszufinden, wer er war. Nur im Moment gelang ihm keine Zuordnung. Da ihm der Geruch des Nachbarn nicht wirklich behagte, richtete er sich wieder auf und machte eine kleine Besichtigungstour.

Bei den Aroma-Grotten gab es einen Übergang zum Normalbadebereich, der ihn an einen Flughafengrenzübergang erinnerte. Mit seinem Chiparmband wurde ihm der Durchgang gewährt. Hinter der Tür sah er auf eine überdimensionale Filmleinwand, auf der sich an einem Sandstrand eine Palme im Wind wiegte. Ein paar Schritte zu einer Brüstung eröffneten ihm die Sicht auf den Pool darunter. Klar, der „Coloramapool". In seiner Fantasie stellte er sich vor, wie er ganz alleine auf einer Schwimminsel mit einem Cocktail in der Hand im Wasser trieb und sich einen James Bond Film ansah. Rechts von ihm war der Eingang zum Beauty-Vital-Club. Kaum eine Therme, die sich originelle Namen für ihre Bereiche einfallen ließ. Allein der Wortlaut „Beauty" war für die Männerwelt sicherlich eine Hemmschwelle. Seit er durch eine Bekannte in einem reinen Damenfriseursalon zu seiner Frisur kam und Massagen in diversen Wellness-Tempeln immer in irgendwelchen Beauty-Bereichen durchgeführt wurden, gab es für ihn keine Hemmungen mehr. Er betrat den kleinen Vorraum, um sich über die Preise der verschiedenen Massagen zu informieren. Er liebte es, massiert zu werden. Je fester umso lieber. In dieser Hinsicht war er nicht wehleidig. Er genoss den Schmerz, wenn versierte Hände seine Muskelstränge bearbeiteten und nicht selten stellte er sich vor, was solche Hände reparieren und auch verletzen könnten. Ein junger Mann in einem gelben Bademantel sprach mit einer Dame hinter der „Beauty-

Rezeption". Er war verärgert, da ein telefonisch vereinbarter Massagetermin nicht eingehalten werden konnte. Die junge Dame erklärte ihm, dass sie den heutigen Tag alleine sei und alle Termine ausgebucht wären. Sein Name schien leider nirgends auf. Es tue ihr leid, aber er solle sich auf jeden Fall bei der Leitung beschweren, da dies in den letzten Tagen mehrmals vorgekommen wäre. Der Mann verließ den Beauty-Vital-Club. Lehner blätterte den Massageprospekt durch. Es war ihm somit klar, dass er auf einen Massagetermin keine Chance hatte. Durch die Glasscheibe sah er, wie der Gelbbemantelte auf einen Riesen auflief, den man wirklich nicht übersehen konnte. Diesem fiel durch den Schreck die Badetasche zu Boden. Der Junge entschuldigte sich und ging weiter Richtung Grenzübergang, ohne dem Herrn beim Aufheben seiner zwei Handtücher zu helfen. Der große Mann betrat den Raum und Lehner erkannte sofort den Welser Stadtrat Werner Schütz. Er gehörte zu einer Partei, die Ludwig noch nie gewählt hatte. Erst vor kurzem hatte sich der Politiker in aller Öffentlichkeit eine sehr dumme Bemerkung erlaubt, die politische und mediale Kreise zog. Mit einer typisch österreichischen Entschuldigung in einem Provinzblatt hatte er versucht, sich aus der Affäre zu ziehen:

„ Ich habe das so nicht gemeint. Ich wollte nur sagen...und außerdem war es ein rein privates Gespräch...“ Bla,bla,bla...

Die junge Dame dürfte den Mann als Kunden und nicht als Politiker gekannt haben, da sie ihn nur beim Namen nannte.

„Guten Tag, Herr Schütz. Ich hoffe, es geht Ihnen gut. Ihr Termin ist wie vereinbart um 16 Uhr. Gleich draußen links im Massageraum.“

„Ja danke. Ich bezahle lieber gleich, bevor mich ein weiterer Idiot anfällt, wie der da draußen.“

Er steckte ihr schnell über zweihundert Euro zu und blickte zu dem zweiten Mann im Raum, da er bemerkte, dass dieser schon länger anwesend war. Lehner kniete sich nieder, um die Prospekte aus dem unteren Fach zu studieren. Tarnen und Täuschen war ihm in Fleisch und Blut übergegangen, was während seiner Schuldienstzeit die Berufsschüler leidvoll bei den Tests und Schularbeiten erfahren mussten.

Die junge Dame steckte das Geld weg:

„Ach, übrigens Ihre Massage macht heute Frau Maricel. Sie kennen sie noch nicht. Sie ist seit einem Monat hier. Sie kommt ursprünglich von den Philippinen, ist aber schon lange in Österreich."

„Ich hoffe, sie kann wenigstens ordentlich deutsch und ist gut in ihrem Fach!", entgegnete Schütz etwas irritiert, und blickte wieder auf den ihm fremden Mann.

„Ja natürlich. Sie spricht mit einem leichten Akzent und ist die Beste, die wir je hatten, was asiatische Massagen betrifft. Ich bin überzeugt, sie werden mehr als zufrieden sein. Jeder war bisher begeistert von ihr."

Sein Einverständnis murmelnd verließ er den Bereich und steuerte ebenfalls den Saunaübergang an.

Erst jetzt meldete sich Lehner zu Wort:

„Was ich so mitbekommen habe, sieht es heute mit einem Termin nicht gut aus?"

„Nein, sorry – wir sind total ausgebucht, sie wissen schon. Weihnachten und so...," sie ging nach hinten zu den Anwendungsräumen und verschwand mit den Worten „So da bin ich..." hinter einer Tür.

Der Zurückgebliebene nahm einen Prospekt mit und drehte noch eine kleine Runde durch das ihm noch unbekannte neue „Tropicana", bevor er sich wieder in den Saunabereich zurückzog. Die Ruhe hier behagte ihm mehr.

Beim Eingang vom „Relaxium", wie dieser Bereich hier genannt wurde, hatte er den Aufgussplan gelesen. Es war nicht mehr viel Zeit bis zum nächsten Aufguss in der „Almhüttn", die sich im Freien befand. Er holte sich ein großes Handtuch von seiner Badetasche, die mit anderen an einer Wand aufgereiht war. Seine und des Nachbars Liegen waren vorhin geräumt worden und erwarteten weitere Belegschaften. Draußen im Freien vor der Hütte stand bereits eine lange Menschenschlange. Es war kalt und er konnte nicht verstehen, dass die Sauna erst kurz vor dem Aufguss geöffnet wurde. Es wäre alles viel problemloser und friedlicher, wenn jeder einfach kommen und gehen könnte, wie er wollte. In jeder Reihe, bei jedem längeren Anstellen entstehen Unmut und oftmals Platzängste, was durch typische „Grantler" geschürt wird, die auch jede Reihe hat. Im Sommer hatte er eine Kolumne geschrieben, in der er über die Aggressionen beim Anstellen im Schloss Schönbrunn in Wien berichtete. Das Sommernachtskonzert bei freiem Eintritt findet alle Jahre im Juni statt und das Einnehmen der Sitzplätze wurde im letzten Jahr erst eine Stunde vor Konzertbeginn zugelassen. Der Menschenauflauf war enorm und es lag eine Aggressionswolke über den Wartenden. Es wunderte ihn, dass es beim Einlass keine Toten gab, so wurde geschoben, gedrängt, beschimpft und gestritten. In seiner schriftlichen Bilanz verglich er das Wiener Konzert mit der Linzer Klangwolke, die ebenfalls jährlich als Open-Air-Veranstaltung bei freiem Eintritt stattfindet. Noch nie hatte er so eine riesige und friedliche Menschenansammlung und deren Auflösung erlebt wie in Linz. Dem oberösterreichischen Leser ging diese Kolumne runter wie Butter. Nicht immer war er so nett mit seinen Landsleuten.

Endlich wurde die Tür geöffnet und bis er den Raum betreten konnte, war nur mehr auf den oberen Holzbrettern

Platz. Es machte ihm nichts aus, da er ein geübter Saunierer war. Sich umsehend entdeckte er den Politiker und gleich dahinter den hageren Mann, der die Liege neben seiner eingenommen hatte. Jetzt fiel ihm auch wieder ein, wer dieser nach Nikotin riechende Mann war. August Wagner, ein ehemaliger Manager der Messe Wels und Politiker einer Partei, die Lehner bereits öfters gewählt hatte. Wie die meisten Stadträte war auch Schütz mehrfacher Aufsichtsrat, unter anderem auch bei der Messe Wels. Wagner hatte sich, wie so viele andere, zu oft schmieren lassen. Er war dabei nur etwas ungeschickter, was ihm seinen Job kostete. Und jetzt saß er direkt hinter einem Mann, der ihn ein Jahr zuvor öffentlich einen Verbrecher nannte. Schütz prangerte sogar an, dass der Manager ein Haus auf den Seychellen besaß, obwohl dieses den reichen Eltern seiner Frau gehörte. Vor vielen Jahren war der Ausdruck „korrupt" für Dritte-Welt-Länder reserviert. Jetzt wollte Lehner nicht wissen, für wie viele Personen, die hier nackt im Raum saßen, dies zutreffen würde. Ihn nicht ausgenommen.

Der Saunawart schloss die Tür der überfüllten Hütte und versuchte auf holprige Weise lustig zu sein.

„Grüß euch. Ich bin der Willi, und darf euch mit frischen Düften einen heißen Weihnachtsaufguss bescheren. Ich hab Gerüche aus Nadelhölzern und Knoblauch mitgebracht. Ha,ha...natürlich nicht... statt Knoblauch sind es natürlich Waldbeeren."

Als er erklärte, dass es nach dem dritten Aufguss eine Pause gebe, in der er im Freien Salz verabreiche und anschließend für die Harten unter ihnen noch einen Eisaufguss mache, beschloss Lehner seinen Saunagang zu verkürzen. Es war ihm für den Anfang zu intensiv und er wollte nicht in der vollen Hütte bei jeder Bewegung andere verschwitzte Körper berühren. Er beobachtete die beiden Politiker, während der Saunawart seiner Arbeit nachkam, die er sehr gut machte. Erst jetzt bemerkte Ludwig, wie dick der Riese war. Durch seine Größe und Breite verteilte sich das Fett viel besser als bei kleineren Menschen. Wagner dagegen wirkte wie ein ausgehungerter Überlebender einer verschollenen Wüsten-Expedition.

Nach dem zweiten Aufguss gab es eine kurze Pause, in der Ludwig tatsächlich die "Fleischhütte" verließ. Er genoss es, in Ruhe auszudampfen und im Freien zu duschen. Kaum war er damit fertig, drängten weitere dampfende Menschen aus der „Almhüttn". Während sich viele mit dem vorbereiteten Salz am ganzen Körper einrieben, ging Lehner hinüber zum warmen Pool. Das Wasser direkt vor der Hütte war ihm zu kalt. Er bemerkte, unter der Überdachung hervortretend, den leichten Eisregen und den rutschigen Boden. Seinen Bademantel hatte er bei der Hütte hängen gelassen. Er schlüpfte aus den Plastiksandalen und stieg in das warme Wasser. Herrlich. Er liebte es, nackt im Freien zu schwimmen. Durch den Wasserdampf, der nebelig über der gesamten Wasseroberfläche hing, hatte er das Gefühl alleine zu sein. Er konnte die Seele baumeln lassen und schwamm zu den Düsen, von denen er seinen Körper besprudeln ließ. Außer einem schmusenden Liebespaar, (was unter der Wasserfläche war, konnte er nicht sehen) dürfte er wirklich alleine gewesen sein. Ganz langsam, die Stille genießend, strampelte er am Rücken liegend zurück zur Metallstiege.

Plötzlich streifte ihn an der rechten Schulter ein fremder Körper. Erschrocken stellte er sich auf und blickte herum. Er konnte nichts erkennen. Um zu sehen, was ihn da berührt hatte, wollte er untertauchen, als drei Meter links von ihm mit einem befreienden Schrei ein junger Mann auftauchte. Er hatte eine Schwimmbrille auf und schien den Weltrekord ihm Nackttauchen brechen zu wollen, da er sofort wieder untertauchte und verschwunden war. Lehner lächelte vor sich hin und stieg aus dem Becken.

Ganz vorsichtig bewegte er sich auf dem eisigen Boden zu seinen Badeschuhen, die unter dem Dach bereit standen. Die Menschenmenge vor der Saunahütte hatte sich aufgelöst und wurde wahrscheinlich innen mit Eis und Knoblauch bearbeitet. Sich abtrocknend sah Lehner den Stadtrat, der rechts von der Dusche kam und sein Handtuch auf dem Haken eines Balkens der Dachkonstruktion anbrachte. Er schien in den runden Whirlpool steigen zu wollen. Auch hier schwebte eine Dampfwolke über dem Wasser. Kaum war er zwei Treppen hinaufgestiegen, erhob sich plötzlich aus dem Nebel eine Gestalt und stieg aus dem Wasser. Zwei Personen gleichzeitig auf der schmalen Treppe waren sicher zu viel. Lehner sah amüsiert zu, solche Alltagsszenen beobachtete er sehr gerne und machte sie immer wieder zu Stoffen seiner Kolumnen. Beide Körper waren nicht bereit zurückzutreten und fast schien es, dass sie sich vereinten, was durch die Nacktheit nicht einer gewissen Komik entbehrte. Jetzt konnte der Beobachter im zweiten Körper August Wagner ausmachen. Um zu hören, was die beiden zueinander sprachen, war Lehner zu weit entfernt, obwohl er sich langsam Schritt für Schritt näherte. August Wagner vollführte im Stand eine schnelle Drehung, wobei er mit seinem Hinterteil den Dickeren aus dem Gleichgewicht brachte. Schütz schwankte und plötzlich rutschten seine Füße von den Stufen. Ob dabei ein Stoßen von Wagner mithalf, konnte Lehner nicht beurteilen. Mit den Händen versuchte sich der Riese an dem dürren Körper seines Gegenübers festzuhalten. Wagner schrie auf, fiel rückwärts ins Wasser und verschwand im Dampf. Ein weiterer kurzer Aufschrei und wie ein lebloses Walross klatschte der zweite Körper mit dumpfem Geräusch auf die Stufen. Dem Berufsschullehrer kam die Szene wie eine Zeitlupenaufnahme in einem Film vor. Beides gleichzeitig stattfindend. Selbst das sanfte Schwabbeln des fetten Körpers auf den Stufen und die folgende Stille erschien ihm unwirklich.

In diesem Augenblick ging die Tür der „Almhüttn" auf und der Saunawart Willi kam heraus. Gefolgt von verschwitzten neugierigen Nackten. Lehner hatte den Pool erreicht und gemeinsam mit Willi versuchte er den schweren Körper vorsichtig von den Stufen zu bergen. Er hatte noch nie einen anderen nackten männlichen Körper berührt. Willi war geübt darin und gab ihm die richtigen Anweisungen. Das Gesicht des Politikers war aufgeschlagen und mit Blut verschmiert. Er war nicht bei Bewusstsein und an mehreren Stellen wies der Körper Blessuren auf.

Viele Stimmen riefen durcheinander: „Verständigt die Rettung..." „Mein Gott..." „Wo sind die Saunawarte..." „Ich kann nicht hinsehen..." „Ist das nicht der Stadtrat..." „Wie können wir helfen..."

Dann schob sich ein Mann mit einer Schlangentätowierung an der Schulter durch die Menge. „Lasst mich durch, ich bin Arzt. Bitte legt eure Handtücher übereinander auf den kalten Boden, der arme Mann erfriert ja hier." Nun kamen auch aus dem Hauptgebäude bekleidete und unbekleidete Menschen heraus. Klar, wer die Neugierigen und die wirklichen Helfer waren. Lehner hockte neben der Brust des Bewusstlosen am Boden. Unsicher, was zu tun war, hob er den Kopf und sah auf Augenhöhe die verschiedensten Schambereiche beider Geschlechter. Nicht wirklich eine Traumaussicht. Der Arzt und die übrigen Saunawarte übernahmen nun die Kontrolle und schickten die nackten Menschen weg. Da vernahmen sie aus dem Whirlpool ein Stöhnen. Keiner außer Lehner hatte gewusst, dass noch eine zweite Person in den Fall verwickelt war. Zum zweiten Mal erhob sich Wagner aus dem Nebel. Diesmal schien es der Nebel des Grauens zu sein. Wagner dürfte sich bei dem Sturz nach hinten am Kopf verletzt haben. Er hatte eine blutende Platzwunde an der rechten Stirnseite. Über den gesamten Oberkörper bis zum Ansatz seines Penis zog sich eine Blutspur durch seine Haut. Die Fingernägel des Stadtrates hatten ganze Arbeit am Körper seines Widersachers geleistet. Sofort wurde ihm von den Angestellten des Hauses geholfen.

„Was ist mit ihm? Hat er sich verletzt?", suchend drehte Wagner den Kopf, „Der Mann ist ausgerutscht. Ich wollte gerade aus dem Becken steigen, da ist er vor mir auf den Stufen weggerutscht. Er wollte sich an mir festhalten und dabei hat er mich nach hinten geworfen."

Mit einer Hand befühlte er die Wunde am Kopf und blickte gleichzeitig an sich hinunter und erst jetzt bemerkte er die „Bescherung".

„Mein Gott, deshalb brennt es so. Er hat mich fast aufgeschlitzt."

Endlich kamen die Helfer des Roten Kreuzes. Zwei Männer hievten den schweren Körper auf eine Trage und eine Ärztin untersuchte den Bewusstlosen. Irgendjemand sagte zu den Rot-Kreuz Männern:

„Können Sie das bitte beim Wagen oder in unserem Erste-Hilfe-Raum machen. Wir sollten den Saunabetrieb aufrecht erhalten. Wir werden noch ziemlich voll heute."

Niemand ging auf die Bemerkung ein, die Verletzten wurden soweit wie möglich verarztet und weggebracht, da die Kälte für sie nicht zumutbar war. Die letzten Neugierigen verflüchtigten sich und das Aufräumkommando konnte seine Arbeit beginnen.

Willi reichte Lehner ein frisches Handtuch und deutete auf dessen nackten, mit fremdem Blut verschmierten Körper. Er sah aus, als ob er von einer Schlachtbank kam.

„Danke für deine Hilfe. Komm mit mir mit, du kannst dich in unserem Angestelltenbad duschen.". Dankend nahm Ludwig das Angebot an.

Nach einer halben Stunde waren alle Spuren des Vorfalles beseitigt. Der Whirlpool war zwar aus Sicherheitsgründen gesperrt, aber sonst deutete nichts auf den blutigen Fall hin. Nach einem gemütlichen Saunagang ohne Aufguss im „Bergwerk", wie die kleine Sauna gegenüber der „Almhüttn" genannt wurde, fühlte sich Ludwig Lehner etwas wohler. Der Schreck und die Aufregung in ihm hatten sich etwas gelegt. Er sah auf die Uhr und stellte fest, dass es ein paar Minuten vor 16 Uhr war und die Massage für Werner Schütz bald beginnen würde. Den Massagetermin konnte der Verletzte nicht wahrnehmen. Bezahlt hatte er ihn bereits, also sprach für Ludwig nichts dagegen, dass er den Termin für sich beanspruchte. Immerhin hatte er ihm geholfen, auch wenn es dieser nicht mitbekam. Er ging mit seinem Bademantel, der zum Glück nichts von dem Blut abbekommen hatte, durch den computerisierten Grenzübergang und klopfte leise an die erste Türe rechts. Frau Maricel, ihr Namenskärtchen an ihrer Brust verriet den Namen, hieß Herrn Schütz willkommen und schloss hinter ihm die Tür. Ein etwas breiterer Massagetisch stand in der Mitte des Raumes. Es war angenehm warm hier und es roch gut. Sie nahm ihm seinen Mantel ab, führte ihn zum Massagetisch und forderte ihn auf, sich auf den Bauch zu legen. Der Kopf kam in das dafür vorgesehene Loch des Tisches. Für eine Philippinin war die Frau fast zu groß, aber so genau konnte es Lehner auch nicht beurteilen, da er keine anderen kannte. Sie hatte eine angenehme Stimme und sprach leise. Sie bedeckte seinen nackten Körper mit warmen Tüchern und bereitete die Öle für die Massage vor.

„Zuerst massiere ich Ihre Rückseite. Ich beginne mit dem Nacken und den Schultern. Nach dem Beklopfen drehen Sie sich bitte um und es wird Ihre Vorderseite mit asiatischen Ölen massiert. Bitte sagen Sie, wenn es zu fest oder das Öl zu heiß ist. Ich wünsche Ihnen eine entspannende Massage."

Fast akzentfrei sprach sie. Beim Klang ihrer Stimme hätte Lehner bereits einschlafen können. Eine Stimme zum Verlieben. Mit meditativer Musik und warmen, herrlich duftenden Ölen wurde Lehners Rückseite massiert. Sanft berührt, geknetet, abgestreift und beklopft. Er sprach dabei kein Wort und genoss das „Hiersein". Mit ruhiger Stimme und sanftem Druck an der Schulter forderte Frau Maricel den Genießenden auf, sich umzudrehen. Ein zusammengerolltes Handtuch wurde auf seine Scham gelegt und die geschulten Hände setzten die Behandlung fort. So etwas Herrliches und Entspannendes hatte der Berufsschullehrer noch nie erlebt. Er gab sich seinen Gefühlen und Eindrücken voll hin, vergaß Zeit und Raum und nickte nur zustimmend, als die Stimme an seinem Ohr sagte:

„Ich beginne nun mit der Lingam Massage. Bleiben Sie einfach ruhig und entspannt!"

Er nahm nicht wahr, wie sie das zusammengerollte Handtuch wegnahm, dafür spürte er plötzlich das warme tropfende Öl auf seinem Penis und seinen Hoden. Ganz kurz war er irritiert und zuckte zusammen, doch als Frau Maricel sanft seinen Bauch unterhalb des Nabels niederdrückte, anschließend mit beiden Händen von den Oberschenkeln zur Mitte strich und sein Glied und seine Hoden von unten nach oben schob um das Öl zu verteilen, gab er sich dieser neuartigen Massage, dem weiblichen Wesen und den nächsten zwanzig Minuten hin, wie er es bisher noch nie zugelassen hatte. Nach vollendeter Arbeit gab ihm Maricel ein frisches Handtuch und teilte ihm mit, dass sie in zehn Minuten wiederkomme, und er sich vorsichtig aufsetzen und säubern sollte, damit ihm nicht schwindlig wurde. Er atmete ein paarmal tief und fest durch, bevor er sich aufrichtete. Kaum war er in den Mantel geschlüpft, wurde die Tür geöffnet und die Beauty-Dame vom späten Vormittag kam herein. Plötzlich war die wunderschöne Stimmung und Ruhe zerstört. Sie schaltete die beruhigende Musik aus.

„Sie sind ja gar nicht Herr Schütz. Wie kommen Sie auf die Idee, seine Massage wahrzunehmen? Ich werde den Sicherheitsdienst verständigen", sagte sie und wollte wieder zur Tür hinaus.

„Gute Frau, Herr Schütz konnte heute nicht mehr kommen. Er ist im Krankenhaus. Und ich glaube nicht, dass diese Art von Anwendungen hier offiziell stattfinden. Hier verdient sich jemand gutes Geld. Ja, ich habe diese Massage im wahrsten Sinn des Wortes wahrgenommen und genossen. Ich werde niemandem davon erzählen. Dieses Geld hat sich Frau Maricel redlich verdient und ich hoffe, sie bekommt auch genug von dem Betrag. Ich werde wahrscheinlich nicht wiederkommen und wenn doch, dann als neuer Kunde. Lassen Sie uns im Guten auseinander gehen. Sie haben nichts verloren und ich habe viel gewonnen. Was will man mehr."

Er schob die Frau zur Seite und verließ den Raum mit einem herzlichen Dankeschön. Im nun sehr vollen Relaxium holte er seine Tasche. Er wollte nach Hause. Dieses Erlebnis war nicht zu toppen und ein perfekter Wellness Abschluss. Ja, und er hatte etwas dazugelernt. Er hatte einen oder ein Lingam. Ein Wort, das ihm gut gefiel. Er nahm sich vor, darüber im Internet zu recherchieren.

Am nächsten Tag erfuhr der Lehrer aus den Medien, dass der Welser Stadtrat Werner Schütz bei einem tragischen Unfall in Bad Schallerbach seinen schweren Kopfverletzungen erlegen war. Er sei beim Baden in der Therme auf dem Eis ausgerutscht und unglücklich mit dem Kopf auf einer Metallstiege aufgeschlagen, dabei habe er das Bewusstsein verloren. In einer Welser Privatklinik habe man noch alles versucht, er sei jedoch nicht mehr aufgewacht und in den Abendstunden im Kreis seiner Familie verstorben. Nach ersten Erhebungen sei Fremdverschulden auszuschließen. Wagner August wurde in keinem Bericht erwähnt.

Nach den ersten Weihnachtsfeiertagen und dem Begräbnis des Politikers rief Lehner Ludwig bei Wagner August an. Dieser nahm den Anruf entgegen und konnte kaum glauben, was er zu hören bekam. Nichts kam ihm fremd vor, was der Unbekannte durch das Handy verlautbaren ließ. Unbewusst strich der Mann über seine Furche am Oberkörper. Das Wichtigste an dem Gespräch war die Abschlussfrage:

„Herr Wagner, Sie verwalten doch ein Haus auf den Seychellen. Wissen Sie, dort möchte ich immer schon mal hin. Und wenn man mit dem Flugzeug einen Zwischenstopp in Katar macht, dann ist der Flug nicht wirklich teuer. Gleich die Wochen nach Ostern wären für mich ideal. Ich melde mich im neuen Jahr wieder. Wünsche Ihnen und Ihrer Frau einen besseren Rutsch, als ihn Schütz hatte. Und hoffentlich verheilt ihre Wunde vom Bauch bis zum Schwanz bald wieder ganz. Empfehle mich."

Die Autorinnen und Autoren

BEATE MAXIAN

Geboren 1967 in München, verbrachte ihre Kindheit in Bayern, Österreich und im arabischen Raum.

Sie lebt und arbeitet als Autorin, Moderatorin und freie Journalistin im Salzkammergut. Bisher veröffentlichte sie zwei Sachbücher, ein Kinderbuch für UNI-CEF, etliche Krimi-Kurzgeschichten in diversen Anthologien, vier Attersee- und vier Wien-Krimis. Weiters ist sie die Intendantin des Krimi Literatur Festival at. 2011 Krimistipendium Literaturhaus Wiesbaden »Trio Mortale«. www.maxian.at

KURT PALM

Geboren 1955 am Rande des Kobernaußerwaldes. Frühe Tätigkeiten als Ministrant und als Mittelstürmer beim SV Timelkam. Studium der Germanistik und Publizistik in Salzburg. Dr. phil. Lebt als Autor und Regisseur in Wien und in Litzlberg am Attersee. 2011 Friedrich-Glauser-Preis für „Bad Fucking". 2012 Kulturpreis des Landes OÖ für Film. Zuletzt erschienen: *„Die Besucher",* Roman. www.palmfiction.net

Die Autorinnen und Autoren

GABI KRESLEHNER
Geboren 1965 in Oberösterreich.
Autorin, Lehrerin, lebt in Ottensheim a. d.
Donau, schreibt für Jugendliche und Erwachsene, mehrere Preise und Stipendien, unter anderem: Österreichischer Kinder- und Jugendliteraturpreis 2010
„Charlottes Traum" – Jugendroman; *„In meinem Spanienland"* – Roman für Erwachsene; *„Das Regenmädchen"* – Kriminalroman f. Erwachsene; *„Und der Himmel rot"* – Jugendroman;

ERNST SCHMID
Geboren 1958 in Jenbach/Tirol.
Kindheit und Jugend in Schärding. Pädagogische Akademie in Linz, Hauptschullehrer. Lebt in Linz. Seit 2009 laufend Rätselkrimis für die „Presse am Sonntag." Bereits im Kehrwasser Verlag erschienen: *„Kalt Machen"*, *„Mord im Himmelreich"* und *„Im Himmelreich ist der Teufel los!"*
www.ernstschmid.at

Die Autorinnen und Autoren

FRANZOBEL
Geboren 1967 in Vöcklabruck.
Er arbeitete bis 1991 als bildender Künstler mit gelegentlichen Ausstellungen.
Dann schrieb er Romane, Satiren und Theaterstücke. Er wurde mehrfach ausgezeichnet, darunter 1995 mit dem Ingeborg-Bachmann-Preis und 2002 den Arthur-Schnitzler-Preis 2002. Er lebt in Wien.

RUDOLF HABRINGER
Geboren 1960 in Schwanenstadt.
Studium in Salzburg. Kabarett, Pianist einer Tanztheatergruppe, Regieassistent am Salzburger Landestheater. 1990/91 Linzer Geschichtenschreiber. Mehrere Preise, zuletzt 2008 Förderungspreis für österreichische Literatur. Lebt und arbeitet als freier Schriftsteller in Walding bei Linz und in Obernzell bei Passau. Romane, Erzählungen, Satiren, Theaterstücke, Herausgeber von Anthologien.
Zuletzt erschienen: *„Engel zweiter Ordnung"* – Roman (2011); *„Island Passion"* – Roman (2008), *„Alles wird gut"* – Erzählungen (2007); Kinderbuch: *„Was plumpst da auf den Mond?"* (2011). www.rudolfhabringer.at

Die Autorinnen und Autoren

ERICH WEIDINGER
Geboren 1964, lebt in Seewalchen am Attersee. Er absolvierte eine pädagogische Ausbildung zum Erzieher, wechselte in den Buchhandel und ist parallel als Autor tätig.
Seine bisherigen Publikationen:
Fünf Bücher zur österreichischen Sagenwelt, Kinderbilderbuch *„Moritz und der Dirigent"*, schrieb etliche Kurzkrimis in diversen Anthologien und ist Co-Herausgeber zweier Anthologien.

Der Herausgeber

GÜNTER LINECKER
Geboren 1964 in Ried i. I.
Buchhändlerausbildung in Linz, seit 1994 selbständiger Unternehmer im Bereich Marketing und Werbung. Gründer und Gesellschafter der Buchhandlung „Der Kleine Buchladen" in Ottensheim. Veranstaltungsmanager für verschiedene Kunst- und Kulturprojekte, 2009 Projektleiter von „Kulturbaden" ein Projekt anlässlich der Kulturhauptstadt Linz 09. Seit 2010 gesellschaftender Geschäftsführer und Verlagsleiter der Kehrwasser Verlagsgesellschaft mbH. www.kehrwasserverlag.at